T5-DHD-588

Judy Ford

Les merveilleuses façons d'être grands-parents

Judy Ford

Les merveilleuses façons d'être grands-parents

Traduit de l'américain par
Johanne Forget

© 1997 Judy Ford

Publié aux États-Unis par Conari Press
sous le titre: *Wonderful Ways to Love a Grandchild*

Version française, édition révisée:
Les Éditions Modus Vivendi
C.P. 213, Dépôt Sainte-Dorothée
Laval (Québec) Canada
H7X 2T4

Illustration et design de la couverture: Marc Alain
Infographie: Modus Vivendi

Dépôt légal: 3e trimestre 1997
Bibliothèque nationale du Québec
Bibliothèque nationale du Canada
Bibliothèque nationale de Paris

ISBN: 2-921556-40-5

Remerciements

Je n'aurais jamais pu écrire le présent livre sans l'aide de mes "grands-conseillers". Dans leur domaine d'expertise respectif, ceux-ci assument leur rôle de grands-parents avec tant de style, d'élégance et de bon sens que je me réjouis du potentiel qu'ils ont d'influencer le cours de l'histoire par la force de leur amour: Marie Guise, Janet Youngman Hansen, Patricia Minkove, Chloe et Dave Patten, Suzanne Priscilla Jane Suther, et Jean et George Theisen.

À ma mère, Phyllis Sorensen, qui accepte d'être toujours là pour sa petite-fille Amanda, et qui par le fait même est également là pour moi. Et à la mémoire de mon père, Wally Sorensen, qui était notre protecteur.

La fonction de grands-parents
est un cadeau
qui unit deux personnes
aux extrémités opposées
de leur voyage.

Table des matières

Les liens 69

Le courage 109

Introduction

*É*tre grands-parents, c'est tout simplement formidable! Si vous l'êtes déjà, vous comprenez exactement ce que je veux dire. Si vous êtes sur le point de le devenir, vous pouvez vous attendre à vivre une expérience qui vous transformera.

Les grands-parents et les enfants ont la chance exceptionnelle d'exprimer et de recevoir un amour inconditionnel. Les deux générations, qui n'ont l'une envers l'autre ni obligations, ni attentes, sont libres de se découvrir en tant que personnes et de s'apprécier mutuellement. Cet amour absolu qui unit les grands-parents et les petits-enfants représente un sanctuaire dans lequel notre moi le plus profond peut rayonner librement, en toute sécurité.

Après avoir eu le privilège d'assister à la naissance de mon petit-fils, j'ai eu la larme à l'oeil pendant près de deux semaines. Je pleurais quand je le tenais dans mes bras, quand je pensais à lui ou que je parlais de lui, et même quand il ne m'était pas présent à l'esprit. À la réflexion, je crois que j'absorbais beaucoup mieux le mystère et la merveille de la naissance dans le rôle de grand-mère, que dans celui de jeune maman. À vingt-deux ans, j'éprouvais de la terreur et de l'insécurité. À cinquante-sept ans, je ressens de l'émerveillement, je suis remplie de gratitude.

Les merveilleuses façons d'être grands-parents est un livre utile aussi bien pour les grands-parents aguerris que pour ceux qui sont sur le point de devenir grands-parents, parce qu'il met en évidence la façon inestimable dont nous pouvons contribuer à la vie de nos petits-enfants tout simplement en étant nous-mêmes. Judy Ford non seulement indique aux grands-parents de merveilleuses façons d'aimer leurs petits-enfants, mais elle leur donne également de nombreux conseils pour les aider à vieillir avec grâce, avec élégance, et peut-être même avec audace. En démontrant comment les grands-parents et les petits-enfants sont des cadeaux les uns pour les autres, l'auteure nous aide à découvrir la richesse de nos relations avec nos petits-enfants.

L'un des cadeaux les plus précieux dont les petits-enfants comblent les grands-parents est de les aider à sourire et à desserrer leur prise sur la "réalité concrète", pour leur ouvrir un monde de mystère, de magie et d'émerveillement. Quand mon petit-fils était bébé, je lui ai un jour demandé: "Alors, mon trésor, est-ce que tu vas me présenter aux fées, aux elfes et aux anges quand tu seras un peu plus grand?" C'est à ce moment-là qu'il m'a adressé son premier sourire. Même si en principe il n'était pas assez vieux pour sourire, ses petites lèvres ont formé une sorte de moue de reconnaissance qui pour moi ressemblait beaucoup à un sourire. "Oui", semblait-il me promettre, "je t'aiderai à retrouver l'intuition et l'imagination de ton enfance."

De la pureté de la nouveauté à la sagesse de l'expérience, les petits-enfants et les grands-parents comblent l'écart des années qui les séparent. Très souvent ils reconnaissent qu'il existe des liens de coeur et d'âme qui

14

transcendent les limites inhérentes à chaque extrémité du spectre des ans. Après que je fus revenue d'un voyage de deux semaines, mon petit-fils, alors âgé de dix mois, communiqua avec moi de façon ingénieuse et distincte, sans disposer de mots pour le faire. Je me demandais s'il se souviendrait de moi, et tandis que je le berçais et que nous nous regardions droit dans les yeux à l'heure de la sieste, je lui ai demandé – silencieusement, par télépathie du fond de mon coeur – s'il se rappelait sa grand-maman. En souriant, il a sorti sa sucette de sa bouche, en a placé l'autre extrémité dans ma bouche, puis a essayé de la reprendre pendant que je secouais la tête d'un côté et de l'autre pour la mettre hors de sa portée. J'étais ravie, parce que c'était un jeu que nous avions inventé un mois plus tôt, et que j'avais oublié.

Bien que je n'aie plus eu aucun doute qu'il se souvenait de moi, il a utilisé encore un autre moyen de me rassurer. Il s'est mis à se tortiller, jusqu'à ce que je le laisse descendre sur le sol. Puis, vif comme l'éclair, il s'est dirigé vers sa petite bibliothèque et en a sorti un livre mauve. En lisant la dernière phrase, j'ai compris sans l'ombre d'un doute que ce petit être avait deviné la question que je m'étais posée dans mon coeur et y répondait brillamment dans les limites de son corps. Cette phrase, c'était: "Mais le meilleur endroit pour faire une sieste, c'est dans les bras de grand-maman." Génial!

Les enfants sont beaucoup plus intelligents que nous l'imaginons. Il nous revient, en tant que grands-parents, d'ouvrir nos horizons et de reconnaître que les petites âmes qui nous sont prêtées sont porteuses de sagesse, de lumière et d'amour inconditionnel. Des gourous en couches.

Ils peuvent nous aider à recouvrer notre liberté, et nous pouvons les aider à conserver la leur. Pour en avoir discuté avec d'autres grands-parents, je crois que je ne suis pas la seule à sentir que mon petit-fils et moi partageons une certaine forme de liberté mystique. Celui-ci est plein de la liberté que représentent les possibilités, la spontanéité, la curiosité et l'émerveillement sans limites, accompagnée par une certitude absolue que ses besoins sont importants. Être avec lui me remplit d'espoir dans mon cheminement vers la reconquête de mon sens inné des promesses infinies, de la vénération et de ma propre valeur. Il est devenu mon professeur. Et moi, du moins je l'espère, je suis aussi le sien.

Selon William Wordsworth, "traînant des nuages de gloire nous venons de Dieu, qui est notre refuge: le Paradis est en nous dans notre enfance!" En supposant que le poète a raison, nos enfants nous arrivent enveloppés dans la fragrance et la gloire de l'amour de Dieu. Ayant maintenant atteint l'âge d'être grands-parents, nous sommes probablement dans un processus de reconnexion avec les nuages de gloire dont nous venons et vers lesquels nous nous dirigeons. Comme c'est merveilleux quand les petits-enfants et les grands-parents peuvent entrelacer ces fils de gloire jumeaux et exécuter une danse d'amour dans la reconnaissance et la joie.

Je sais que vous aurez du plaisir à lire les sages conseils et les pas de danse pratiques qu'on retrouve dans l'excellent ouvrage de Judy Ford, *Les merveilleuses façons d'être grands-parents*, et que vous en tirerez le plus grand profit.

– Sue Patton Thoele

Le bonheur d'être grands-parents

Ouvrez votre coeur à vos petits-enfants
et vos jours
seront soudain remplis de moments
de joie et de délices.
Aucune fanfare ne va défiler,
aucune trompette ne va résonner,
alors réveillez-vous et prêtez attention,
sans quoi les cadeaux qu'ils apportent
peuvent disparaître sans faire de bruit.

L e grand-père était assis sur le sofa en train de lire le journal, quand son petit-fils grimpa près de lui et lui demanda: "Grand-p'pa, qu'esse-tu fais?" "Je lis le journal", répondit le grand-père. L'enfant leva les yeux vers son grand-père, et celui-ci baissa les yeux vers l'enfant. Pendant un moment, ce fut le silence, puis le grand-père reprit sa lecture. L'enfant descendit du sofa, et le grand-père lui demanda: "Où vas-tu?" "Je vais chercher un livre". Puis, livre en main, il revint s'asseoir sur le sofa, tout près de son grand-père, et il commença à tourner les pages. "Est-ce un bon livre?", demanda le grand-père. "Ouais", dit l'enfant. Et ils continuèrent à lire tous les deux. C'était un moment simple et délicieux, un moment ordinaire, et pourtant à cet instant on pouvait voir l'amour briller sur leurs visages.

N'en doutez surtout pas: les grands-parents et les petits-enfants partagent quelque chose de spécial. La relation est un festin d'amour virtuel des plus extraordinaires. Parlez à n'importe quels grands-parents de leurs petits-enfants, et observez bien leur regard. Ce n'est pas un regard de tous les jours; c'est un regard venu de l'âme, un regard de joie, de fierté, de reconnaissance. C'est le coup de foudre, parce que les grands-parents et les petits-enfants semblent reconnaître les uns dans les autres quelque chose d'intangible et pourtant de constant. L'innocence de la jeunesse qui rencontre l'innocence de la vieillesse. Ou peut-être est-ce la sagesse du très jeune enfant devant la sagesse de la personne âgée.

Les petits-enfants et les grands-parents se comprennent. Ils ont une façon spéciale de communiquer, un sixième sens. Quand je demande à des grands-parents de me parler de leurs petits-enfants, ils sont avides de le faire et ne demandent pas mieux, mais ils me regardent avec pitié, et je sais bien ce qu'ils pensent: "Elle ne peut pas comprendre, elle n'est pas grand-mère." Et quand je demande à des enfants de me dire ce qui leur plaît chez leurs grands-parents, ils me regardent et hochent la tête d'un air tellement dubitatif que je les sens convaincus que c'est une question ridicule. Ils sont trop polis pour le dire, mais ils semblent penser en eux-mêmes: "Est-ce que ce n'est pas suffisant que j'aime ma grand-mère? Faut-il qu'elle connaisse les détails?"

Tous les grands-parents à qui j'ai parlé veulent donner quelque chose à leurs petits-enfants – transmettre quelque chose, enseigner quelque chose, laisser quelque chose – mais ils n'arrivent pas vraiment à décider ce qu'est ce "quelque chose". *Les merveilleuses façons d'être grands-parents* s'intéresse à ce que vous donnez et à ce que vous recevez comme grands-parents, et aux moyens susceptibles de vous permettre de vivre l'expérience de façon à donner pleinement ce que vous êtes et à recevoir la profondeur de l'amour de vos petits-enfants en retour.

Ce lien est important, parce que la relation qui vous unit est un cadeau aussi bien pour vous que pour vos petits-enfants. Vos chemins ne se sont pas croisés sans raison. En fait, le présent livre est rempli d'histoires vraies de grands-parents et de petits-enfants qui, par destinée divine, s'offrent les uns aux autres de l'espoir et de l'optimisme, de la compréhension et de la compassion. Ils se donnent les uns aux autres une vision du monde qui aurait pu autrement leur échapper. Sourire à vos petits-enfants, les bercer et vanter leurs mérites sont des actes significatifs pour les deux générations. Le présent livre vous aidera à découvrir l'ampleur de ce que vous donnez et de ce que vous recevez.

Les merveilleuses façons d'être grands-parents est divisé en trois parties, qui reflètent les trois aspects de l'art d'être grands-parents: la *lucidité*, les *liens* et le *courage*.

Être de bons grands-parents signifie aimer sans conditions, aimer vos petits-enfants pour eux-mêmes. Avec une vision très lucide, vous avez appris à vous connaître vous-mêmes suffisamment pour être capables de donner à vos petits-enfants ce que personne d'autre ne peut leur offrir: les choses qui comptent vraiment dans la vie.

La deuxième partie concerne les liens du coeur qui unissent la famille. Elle se concentre sur les moyens que vous pouvez utiliser pour approfondir votre relation de façon à satisfaire non seulement vous et vos petits-enfants, mais également vos enfants adultes, parce qu'il est difficile d'avoir une bonne relation avec vos petits-enfants si vous êtes éloignés de leurs parents.

La troisième partie s'intéresse à la croissance, au cheminement et aux meilleurs choix que vous pouvez faire dans l'intérêt de toute votre famille, puisque souvent la maturité acquise avec les années nous permet de voir ce dont nos familles ont besoin.

Je ne suis pas grand-mère, mais j'ai l'âge de l'être, et j'ai vécu beaucoup d'expériences: la naissance d'un enfant, la mort d'un conjoint, toute la gamme des joies et des peines. Plusieurs de mes amis et de mes clients sont des grands-parents, et ils me demandent souvent mon avis sur la façon de favoriser les relations affectueuses avec leurs enfants adultes et leurs petits-enfants, ce qui je crois me permet de me qualifier comme membre de la "génération des grands-parents". Je les ai suffisamment observés avec leurs petits-enfants pour savoir qu'être grands-parents est une merveilleuse obsession qui comporte des dividendes. Aimer ses petits-enfants vient naturellement. Respecter l'amour et savoir comment le recevoir, l'accepter complètement et en profiter, c'est une autre paire de manches.

Les merveilleuses façons d'être grands-parents ne traite pas que de vos petits-enfants – il traite de vous. Les grands-parents, dans notre société, s'intéressent plus à leurs petits-enfants que par le passé, même quand la "famille élargie" est en effet très élargie... souvent jusqu'à l'autre bout du pays. Bien que de nos jours un plus grand nombre de grands-parents qu'autrefois vivent dans des villes distinctes, ils participent plus à la vie de leurs petits-enfants: ils téléphonent, ils écrivent, ils utilisent le courrier électronique, ils prennent l'avion, ils parcourent des kilomètres en voiture pour leur rendre visite. Et de plus en plus de grands-parents s'occupent quotidiennement de leurs petits-enfants, parce que les deux parents travaillent à l'extérieur du foyer. On constate également une augmentation du nombre de grands-parents qui vivent avec leurs enfants et leurs petits-enfants.

Plusieurs de ces modifications du rôle traditionnel des grands-parents reflètent les transformations constantes de notre société tout entière. La technologie moderne rend les communications interurbaines et les voyages plus accessibles et plus pratiques pour tout le monde. Et maintenant que les baby-boomers ont eux-mêmes des petits-enfants, les grands-parents constituent plus que jamais un large segment de la population. Les grands-parents sont aujourd'hui en meilleure santé, ils vivent plus longtemps, et ils ont plus d'argent – qu'ils dépensent en grande partie pour leurs petits-enfants.

À l'heure où nous, les baby-boomers, accédons à la génération des grands-parents, nous avons encore des problèmes personnels à examiner. Nous nous demandons avec appréhension qui nous sommes et ce que nous voulons faire. Nous nous posons des questions sur ce que sera notre vie à mesure que nous vieillissons. Et comme pour tous les passages de la vie, nous devrons faire des ajustements et faire face à des craintes et à des désirs non satisfaits. En cédant le rôle de parents à la génération suivante, nous cherchons des moyens de combler le vide.

Tandis que vous vous demandez sérieusement d'où vous venez et où vous allez, *Les merveilleuses façons d'être grands-parents* vous ramène aux moments précieux qui vous procurent tant de bonheur. Rien n'est plus agréable à l'oreille que d'entendre la voix de vos petits-enfants qui vous interpellent: "Allô, grand-maman... Allô grand-papa." Écoutez bien. Cela suffit à vous donner la chair de poule, à illuminer votre visage d'un sourire, à mettre du ressort dans votre démarche. Ce que cela signifie simplement, c'est que quelqu'un vous tend la main en toute confiance. C'est une véritable bénédiction du ciel. Les doutes et les inquiétudes s'envolent; vous pourrez ruminer vos grands problèmes plus tard. Pour l'instant, des sujets bien plus importants vous occupent: votre petit-enfant est près de vous! *Les merveilleuses façons d'être grands-parents* vous invite à chérir et à entretenir la douceur de cette relation précieuse et si peu compliquée.

La lucidité

Dans bien des années,
quand vos petits-enfants seront grands
et auront eux-mêmes des enfants,
ils raconteront des souvenirs
et des histoires à votre sujet,
ils libéreront ainsi de minuscules
capsules temporelles
d'énergie affective qui inonderont
leurs âmes de souvenirs heureux.

Soyez très lucide,
ne cessez pas de grandir,
restez dans le flot
de la vie.

N'ayez pas honte de votre expérience

V ous avez peut-être constaté que les gens commencent à vous considérer comme une personne âgée, comme un membre de votre famille qu'on honore et qu'on respecte. Vous vous demandez parfois si c'est parce que vous paraissez vraiment votre âge. Bien que vous ayez maintenant droit aux rabais accordés à l'âge d'or, ce n'est pas ce qui vous qualifie pour être grand-père ou grand-mère. Cela demande de la maturité.

Les grands-parents matures ont la sagesse de reconnaître les défis et les chagrins de la vie, de façon à pouvoir apprécier les bienfaits, la joie et le rire. La maturité se caractérise par l'intégrité intérieure, l'honnêteté et la bonté. La maturité consiste à savoir que vous seul êtes responsable de votre vie. Vous ne blâmez pas les autres. Vous acceptez la responsabilité de votre propre bonheur. Quand vous avez le cafard, vous vous secouez rapidement, parce que vous savez que la vie a le don de s'arranger. Quand vous faites des gaffes, vous l'admettez. Vous ne vous laissez pas abattre par vos erreurs, mais vous continuez plutôt à vivre et à essayer encore et encore.

La maturité, c'est la capacité de tirer parti de l'inattendu et d'encaisser les coups. C'est cette sagesse qui est vraiment bénéfique à vos petits-enfants. Les enfants sont littéralement inondés d'exemples d'adultes qui mettent leur situation sur le dos de la malchance, des étoiles, de la température, de leurs parents ou des voisins. Les enfants ont besoin d'exemples de gens qui se conduisent de façon responsable, qui vivent heureux et qui profitent au mieux de leur situation. Les enfants vont faire des erreurs, connaître des échecs, éprouver des déceptions... cela fait partie de leur développement. Vous ne pouvez pas les protéger contre les frustrations, et vous ne devez pas essayer non plus. Mais grâce à votre brillant exemple, ils pourront comprendre ce que cela signifie d'accepter la responsabilité de créer une vie merveilleuse.

En vous voyant relever vos défis, ils apprendront qu'eux aussi ont ce qu'il faut pour faire face à tous les hauts et les bas de la vie. Ils découvriront que, avec de la persévérance et de la détermination, ils pourront réussir. Vous êtes un exemple vivant de résistance et de bonté. C'est la maturité que vous offrez: un mélange d'expérience et un coeur plein d'acceptation. Le cadeau que vous pouvez offrir à vos petits-enfants c'est un profond respect pour vous-mêmes et pour la vie, en tant que voyage ininterrompu.

Marguerite était une grand-maman comme ça. Elle n'avait pas souvent l'occasion de passer de longs moments avec ses petits-enfants, mais ceux-ci étaient séduits par son cran. Dans ses dernières années, elle souffrait de terribles maux de dos et elle avait des accès de douleur atroces. Même si elle admettait ses problèmes de santé quand on lui en parlait, elle ne mettait jamais l'accent sur son malheur quand ses petits-enfants étaient avec elle. Elle adorait les entendre parler de leurs vies. Elle avait l'âme généreuse et l'esprit combatif. Elle leur apprenait qu'on ne peut pas toujours choisir ce qui arrive dans la vie, mais qu'on peut choisir sur quoi on met l'accent. Vous êtes un as! Vous avez vu et fait des tas de choses tout au long de votre vie. Vous avez survécu à des chagrins et à des échecs, et vous avez célébré des amours et des victoires. La vie vous a appris, et vous avez sans doute acquis plus de bon sens que vous auriez jamais cru avoir besoin. Vous avez acquis la maturation qui vient avec l'âge, et vos petits-enfants en sont les bénéficiaires

Laissez rayonner votre grandeur

Le Petit Robert définit le mot *grand* de la façon suivante:

Dont la hauteur, la taille dépasse la moyenne. Essentiel, important, princi-pal. Qui a une importance sociale ou politique (condition, rang, dignité). Qui est célèbre pour sa valeur (mérite, qualités intellectuelles ou morales, talents). Beau, grandiose, magnifique, noble. Courageux, fier, généreux, magnanime.

Cela peut paraître un énorme défi, mais vous n'avez pas besoin d'avoir peur. Vous *êtes* grand, et il est temps de le montrer. Pas d'une manière vantarde, mais simplement par votre caractère. Vos petits-enfants vous con-naissent par votre personnalité, votre disposition et vos manies. Ce qui compte, ce n'est pas ce que vous faites, c'est ce que vous êtes. Pour être grand, vous n'avez rien d'autre à faire qu'être vous-mêmes. Vous n'avez pas à discourir, à conseiller, à réprimander, à gronder ou à donner des leçons. C'est un des avantages d'être *grands*-parents, plutôt que parents.

Si vous vous êtes déjà trouvés dans une forêt de séquoias, que vous avez marché parmi des arbres de trois mille ans, vous ne pouvez plus douter de la grandeur de l'âge. Quand je marche parmi des arbres de cent mètres de hauteur, je suis remplie d'admiration, et je ne peux parler qu'à voix basse. C'est comme si je me tenais dans une cathédrale magnifique. Je m'incline devant l'ordre naturel et la progression de la vie. Les cercles de l'arbre dénotent son âge: plus les cercles sont nombreux, plus l'arbre est vieux. Ceux parmi nous qui ont assez de chance pour vivre et assez de force pour survivre finissent par vieillir. Comme les cercles du séquoia, n'ayez pas honte de laisser votre âge témoigner de votre prestige. Vos "cercles" montrent le chemin que vous avez parcouru. Ce sont des symboles de votre résistance et de votre force.

Vous avez vécu assez longtemps pour devenir des grands-parents, mais cela ne signifie pas que "vous vous faites vieux". La recherche a démontré que les personnes âgées ne sont pas condamnées à des années d'infirmité, de décrépitude, de sénilité ou de dégradation. Bien au contraire: avec de l'exercice, une saine alimentation, une attitude positive et un sens de l'humour, votre vie peut être pleine d'énergie, d'enthousiasme et d'aventure.

La vie de grands-parents peut être spectaculaire, et il nous revient de donner le ton à ces années. Les générations plus jeunes ont besoin d'exemples sur la façon de vivre pleinement; elles suivent nos traces; elles attendent que nous leur montrions la voie. Ce sera peut-être un jour leur tour d'être des grands-parents, et cette perspective ne les effraiera pas si vous avez fait preuve de constance dans votre évolution. Alors soyez aussi grands que les séquoias, et n'oubliez pas qu'aux yeux de vos petits-enfants vous l'êtes déjà.

Définissez votre philosophie

Que vous ayez "hâte" d'être grand-mère, ou que vous ne soyez "pas sûre d'être prête", vous devez penser à la sorte de grands-parents que vous souhaitez être. Combien de temps envisagez-vous consacrer à votre rôle? Que comptez-vous donner à vos petits-enfants? Que voudriez-vous qu'ils pensent de vous, qu'ils ressentent pour vous?

Il semble y avoir deux notions stéréotypées de grands-parents. D'un côté, il y a les grands-parents sentimentaux qui adorent, attendent, gâtent, chouchoutent, "sans avoir de vie à eux". De l'autre, il y a le type autoritaire, importun, contrôleur, celui qui sait "ce qui est bon pour les autres". Quand on devient grands-parents, c'est le moment de se définir, mais il n'est pas nécessaire d'adopter un rôle stéréotypé. Vous pouvez demeurer *vous-mêmes*, mais vous devez saisir ce que cela signifie.

Votre conception du rôle vous est probablement venue de vos propres grands-parents, alors il est utile de penser à eux tandis que vous développez votre philosophie. Avez-vous connu vos grands-parents? Étiez-vous près d'eux? Combien de temps avez-vous passé avec eux? Quels souvenirs avez-vous conservés de ces moments? Quelle sorte de grands-parents étaient *vos* parents pour *vos* enfants?

Depuis que mon amie Jeanne est devenue grand-mère, un tas de souvenirs lui reviennent à l'esprit. Elle se rappelle son père, qui avait l'habitude de mettre des bonbons dans sa poche. Naturellement, ses petits-fils lui demandaient toujours: "Qu'est-ce que t'as dans ta poche?" Il en avait également dans un pot à côté de son lit, au cas où il aurait une petite fringale nocturne. "Évidemment, dit Jeanne, mes fils croyaient qu'il s'agissait d'un de ces privilèges "réservés aux adultes" qui leur étaient refusés, ce qui les rendait impatients de devenir grands."

Pourquoi ne pas écrire les objectifs de votre mission de grands-parents? Si vous avez déjà des petits-enfants, réfléchissez à votre relation avec eux. Les aimez-vous? Avez-vous hâte de les voir? Combien de temps passez-vous avec eux? Trouvez-vous cela suffisant, ou souhaiteriez-vous les voir plus souvent? Pourriez-vous faire quelque chose pour améliorer votre relation avec les enfants ou avec leurs parents? Il n'existe pas de cours sur l'art d'être grands-parents, alors vous devez trouver votre chemin tout seuls. Line et Michel sont bien d'accord: "Pendant que nous essayons de nous ajuster à ce nouveau rôle, nous savons ce que nous *ne voulons pas* faire ou être, mais nous ne sommes pas sûrs de ce qu'il faut faire."

Votre philosophie de grands-parents reflète votre amour et votre engagement envers la famille en général, et les petits-enfants en particulier. Votre philosophie doit se concentrer sur ce qui est important pour vous dans votre relation avec vos petits-enfants. En mettant votre philosophie en pratique, vous formez activement une alliance avec vos petits-enfants.

Acceptez les rides

Ma mère, qui a soixante-quinze ans, dit qu'il y a deux façons de constater qu'on se fait vieux: (1) en se regardant dans le miroir, et (2) quand on commence à mettre des élastiques partout. Je sais que j'appartiens désormais à la catégorie respectable, parce que (1) quand des étrangers apprennent mon âge ils disent fréquemment: "Vous ne paraissez pas si vieille", ou ils me regardent l'air de dire "C'est bien ce que je pensais", et (2) il y a un élastique autour de mon carnet de chèques.

J'ai commencé il y a quelque temps à remarquer dans les journaux les annonces de chirurgie plastique, qui promettent que "vous vous sentirez mieux si vous avez l'air plus jeune" – tout ce qu'il faut, c'est se faire coudre le ventre, desquamer le visage, réduire les paupières ou se faire faire un lifting. Si j'accepte de payer une petite fortune et de passer au couteau, je pourrai paraître mieux que quand j'avais quarante ans. J'ai la tentation d'appeler un chirurgien esthétique quand je me regarde dans le miroir plus que deux fois par jour, mais, comme je n'aime pas les anesthésies et les chambres d'hôpital, j'ai décidé plutôt de m'occuper. J'ai plein de choses à faire: des cours à suivre, des plages à visiter, des routes de campagne à explorer, des pays à découvrir. D'ailleurs, je commence à estimer les rides sur mon visage.

Toutes les saisons sont merveilleuses, et il en est de même de tous les visages, qu'ils soient jeunes et lisses, ou vieux et ridés. Une personne âgée qui a vécu pleinement sa vie est très belle. Ce ne sont pas les potions de beauté, les liposuccions ou les greffes de cheveux qui donnent à une personne âgée sa beauté, c'est le fait qu'elle vive sa vie pleinement. Les personnes âgées qui essaient d'avoir l'air jeune paraissent étranges, artificielles et guindées. L'obsession de notre société pour la jeunesse transmet à nos petits-enfants un message contradictoire: nous leur disons de respecter les personnes âgées, mais nous, les personnes âgées, essayons désespérément de ne pas avoir l'air de ce que nous sommes.

Vieillir est aussi naturel que de passer d'une saison à l'autre. Les rides, les cheveux gris et le ramollissement de la chair témoignent du fait que vous avez fait un long voyage et que vous avez maîtrisé l'art de vivre. Il s'agit maintenant de consacrer votre énergie à relever les défis de la vieillesse avec dignité. Nous savons tous que nous vivons dans une culture de la jeunesse et qu'il est par conséquent difficile de vieillir avec grâce. Mais des signes encourageants tendent à démontrer que la vieillesse devient plus acceptable socialement. Plus les baby-boomers prennent de l'âge, plus la société reconnaît la valeur de l'expérience de vie.

Nos petits-enfants peuvent nous aider à accepter notre âge, parce que les enfants ne se laissent pas facilement tromper par les apparences. Ils voient plutôt notre beauté intérieure. Jeannette, qui est conseillère en beauté depuis plus de trente-cinq ans et qui a un petit-fils de cinq ans, Jacob, dont elle est très fière, me dit: "Tu peux me croire, je m'y connais en beauté, et je sais que mon visage n'a plus sa fraîcheur d'antan. Mais quand Jacob me caresse le visage et me dit: "T'es belle, grand-maman", je me moque pas mal de la fontaine de Jouvence, parce que je reçois un amour inconditionnel."

Préparez-vous à faire des ajustements

*A*u moment où vous croyez avoir enfin maîtrisé l'art d'être parents, vous devenez des grands-parents, et tout d'un coup vous voyez vos enfants d'un tout autre œil. Mon amie Jeanne décrit bien la sensation:

"Quand nous avons atterri à Helsinki, où vit mon fils, j'ai cherché celui-ci des yeux tandis que j'attendais de passer les contrôles douaniers. Enfin je l'ai vu, de l'autre côté de la vitre, qui m'envoyait la main. Il était emmitouflé dans un épais manteau à capuchon, de sorte que je n'ai pas vu ce qu'il tenait dans ses bras jusqu'à ce que nous soyons finalement l'un en face de l'autre. Blotti profondément dans ses bras, au milieu d'une pile de couvertures, il y avait un tout petit visage rose; c'était tout. J'étais sans voix. J'avais été informée de toutes les étapes de la grossesse jusqu'à l'accouchement, et je m'étais imaginé toutes sortes de choses à ce propos, mais ce n'est qu'à ce moment-là que j'ai compris ce qui s'était produit. Je n'étais pas seulement témoin du miracle que représentait la naissance de ce bébé, je prenais conscience du fait que *mon* bébé – ce grand homme de six pieds – s'était développé à un degré situé bien au-delà de ce que sa pauvre maman croyait. Je n'ai pas encore fini de me faire à l'idée. Je suis totalement fascinée par sa relation avec son bébé, Emma. Mon fils est un père merveilleux. Cela semble lui venir si naturellement et si facilement. Cela me touche et me procure beaucoup de bonheur.

J'adore être grand-mère et avoir ce merveilleux petit être, Emma, dans ma vie. Bien qu'Emma ne m'appartienne pas, je suis reconnaissante de son existence à mon fils et à son épouse. Mon enfant me manque, cependant. Cela

32

me manque qu'il n'ait pas besoin de moi en tant que mère. Je sais que cette partie de ma vie est finie, mais celle-ci définissait tellement ce que j'étais. Il n'est pas si facile de changer cela."

Rien ne nous prépare à vivre le moment extraordinaire où nous voyons notre enfant – qui à certains points de vue est encore notre bébé – tenir dans ses bras un petit être humain, le dorloter et en prendre soin. Il fut un temps où vous deviez satisfaire tous ses besoins; maintenant il fait la même chose pour quelqu'un d'autre. En l'espace d'un instant, vous vous rendez compte que votre rôle dans la vie de votre enfant évolue, et cela vous prend par surprise. Vous ne savez plus très bien qui vous êtes par rapport à votre enfant. Vous savez qu'il a besoin de vous, mais vous ne savez pas très bien comment ou quand. Apprendre à s'ajuster à cette nouvelle image de son enfant peut être encore plus formidable que d'être grands-parents. Cela demande un peu de temps, et c'est bien ainsi.

"Tu dis aux grands-parents de s'abstenir de donner des conseils sur l'éducation des enfants, n'est-ce pas?", me demandait une amie. Elle me dit: "Je me souviens d'avoir eu une conversation avec ma mère et de lui avoir dit que le fait que j'élève mes enfants d'une façon différente ne signifiait pas que je la considérais comme une mauvaise mère. Cette conversation honnête a atténué bien des problèmes entre nous."

L'évolution de votre relation avec votre enfant n'enlève rien au passé et ne diminue pas l'amour. Cela change simplement la perspective.

Faites-vous confiance

*S*i vous vous demandez quelle place vous occupez dans la famille, maintenant que vos enfants sont eux-mêmes des parents, si vous vous sentez légèrement déphasés, parce que votre identité change et que vous ne savez pas très bien comment utiliser votre énergie, si vous pensez à vendre la maison familiale pour pouvoir voyager plus librement, vous traversez un passage de la vie, une nouvelle phase de votre développement. C'est un moment doux-amer que celui où vous luttez pour trouver une nouvelle direction, tout en vous remémorant le passé; souvenez-vous que ce n'est pas la première fois que vous vous trouvez momentanément dans les limbes.

Vous rappelez-vous quand votre fille à l'âge de cinq ans est montée dans l'autobus scolaire pour la première fois, tandis que vous lui envoyiez la main en pleurant sur le trottoir? En rentrant à la maison, vous vous demandiez si elle avait encore besoin de vous. La matinée semblait interminable; vous erriez avec angoisse d'une pièce à l'autre en buvant trop de café. Vous lui avez appris à rouler en tricycle, vous lui avez acheté sa première bicyclette, et puis apparemment du jour au lendemain elle s'est mise à conduire votre voiture. Où est passé le temps? Elle fut un jour votre bébé; maintenant elle est elle-même une maman.

Passer d'une phase de la vie à une autre fait partie du cycle humain naturel, mais quand la transition est au coeur de l'hiver, avant que les bourgeons printaniers n'éclosent, il y a des moments où la vie s'immobilise. Le sol est gelé, et l'on se retire en soi-même, dans la quiétude et l'inaction, dans un tourbillon de souvenirs de ce que l'on a été, dans l'incertitude de la vie qui nous attend désormais. On regarde derrière et on regarde devant, avec une certaine angoisse, et pourtant avec calme.

Vous avez déjà vécu des deuils, et vous avez déjà dû vous demander avec étonnement: *Qu'est-ce que je fais maintenant?* Vous réfléchissez, et vous finissez par trouver une solution. Vous l'avez déjà fait, et vous le ferez encore. C'est le bonheur de la découverte de soi qui propulse chaque recommencement. C'est un rite de passage. Vous avez toujours trouvé votre chemin auparavant, et vous le trouverez encore.

Quand son mari est mort du cancer, Maryse a décidé de vendre la maison devenue trop grande et de déménager dans un condo. "Mes belles-filles ont fait les boîtes, mes fils ont transporté les meubles, mes petits-enfants ont supervisé la vente de garage, et j'ai pleuré", dit-elle.

"Je croyais qu'il était préférable que je déménage, mais je ne croyais pas pouvoir survivre. J'avais été, pendant quarante-deux ans, la femme de quelqu'un, mais le jour du déménagement je n'étais qu'une personne seule avec ma propre vie. Pendant environ neuf mois, j'ai vécu comme une âme en peine, jusqu'à ce que je découvre que c'était le moment pour moi de faire exactement ce que j'avais envie de faire. Me voici donc. Je travaille deux jours semaine dans une boutique de fleuriste, je m'adonne à ma passion pour les violettes africaines, et je me fais de nouveaux amis."

D'une étape de votre vie, vous passez à une autre. Ayez confiance en votre capacité de le faire: vos petits-enfants vous observent.

Soyez ouverts aux possibilités

Q ue vous deveniez grands-parents pour la première ou la dixième fois, vous devrez inévitablement faire face à des défis émotionnels en passant d'un stade de votre vie à un autre. Les défis peuvent être intenses, parce que le fait de devenir grands-parents coïncide souvent avec la retraite, la ménopause, la vente de la maison familiale et d'autres changements importants de la vie.

Inutile de dire que la transition de l'état de parents à celui de grands-parents n'est pas toujours facile. Vous avez passé vingt années ou plus à être des parents à temps plein, et maintenant vous passez semble-t-il en quelques jours d'une maison pleine à un nid désert. D'un côté le fait de voir votre fille devenir une maman affectueuse vous comble de joie, mais de l'autre vous souffrez de vous sentir exclus de sa nouvelle famille. Voir votre fille avec un bébé dans les bras vous procure beaucoup de bonheur, mais vous vous demandez ce que la vie vous réserve à l'avenir.

Nous faisons face en vieillissant à plusieurs fins. Bien que ces étapes comportent une part de tristesse, nous pouvons absorber la peine plus facilement en nous concentrant sur les possibilités inhérentes à cette période de notre vie. Nous avons moins de responsabilités, d'obligations et de pressions. Nous sommes plus libres de poursuivre nos rêves. Nous avons plus de temps pour explorer notre potentiel créatif inexploité, pour faire des choses que nous avons toujours souhaité entreprendre. Nous pouvons être spontanés et suivre nos propres rythmes: faire la grasse matinée, nous lever tôt, manger quand nous avons faim; nous pouvons faire du bénévolat, cultiver un jardin, changer de carrière, aller au cinéma l'après-midi, ou militer pour la paix!

Lise est fière de sa grand-mère, qui s'est inscrite à un cours d'histoire au collège... tout simplement parce qu'elle aime ça. Chloé, une artiste qui adore se déguiser, est aux anges quand sa petite-fille de huit ans lui demande: "Quand tu vas venir nous voir, est-ce que tu vas porter ta robe de gitane?" La dernière fois que Chloé est allée rendre visite à sa petite-fille, celle-ci a insisté pour que Chloé l'accompagne à l'école afin que ses amis la voient.

Personne d'autre que vous ne peut déterminer ce qui compte vraiment pour vous, et, avec votre sagesse, vous pouvez avoir une merveilleuse relation avec vos petits-enfants. Peu importe ce sur quoi vous décidez de vous concentrer, votre enthousiasme est inestimable pour les enfants. Annie, qui a cinq arrière-petits-enfants, m'a confié: "J'ai cessé de chercher un sens à tout à cette étape de ma vie. J'ai envie de m'amuser et de profiter de tout ce qui passe; cela me suffit."

Que votre approche soit philosophique, pratique, ou allègre, souvenez-vous que les enfants qui ont la chance d'avoir des grands-parents ouverts et pleins d'énergie ont de la vie un exemple positif. C'est vivifiant de voir des gens qui aiment la vie peu importe l'âge qu'ils ont; cela nous remplit d'optimisme, et c'est un héritage dont tout enfant a besoin.

Choisissez-vous un nouveau nom

*D*ès que vous aurez repris votre souffle, après avoir entendu l'extraordinaire nouvelle – "Vous allez devenir grands-parents" – il est possible que vous vous mettiez à songer à des noms. Pas à des noms de bébé – c'est la prérogative des parents – mais à des noms de grands-parents. Comment vos petits-enfants vont-ils vous appeler?

Claire n'était pas du tout enthousiaste à l'idée d'être grand-mère; elle ne pouvait pas s'imaginer de se faire appeler grand-mère en public. "Après tout, disait-elle, j'ai seulement quarante-trois ans." Chaque fois que sa belle-fille la désignait du nom de "grand-maman", Claire levait les yeux au ciel et soupirait. Puis, un étranger lui a dit: "Vous n'avez pas l'air assez vieille pour être grand-mère"; depuis ce jour-là, Claire n'a plus aucune réserve à présenter fièrement son petit-fils.

Collette était tellement heureuse quand elle est devenue grand-mère la première fois, qu'elle se moquait bien du nouveau titre qu'on allait lui donner. Quand sa petite-fille eut l'âge de prononcer les mots, elle baptisa Collette "Gamalette", et tout le monde se mit à l'appeler ainsi.

Il y a plusieurs noms de grands-parents à considérer, des traditionnels *Grand-maman, mémère, mémé, mamie, grand-p'pa, papi* aux surnoms nouveau-genre, comme celui de *Ma Ma Grand*, conféré à Irène par sa petite-fille de trois ans. Ses amis et parents considèrent que le surnom lui va comme un gant, et c'est comme ça qu'elle veut être appelée par tous ses petits-enfants à venir. Dorothée aimait *Bonne maman* et n'eut pas honte de dire à toute la famille que c'était là son nouveau nom. Barbara choisit *Mamie*, et Marguerite devint *Mimi*. Madeleine, fière de ses origines françaises, se faisait appeler *Grand-mère*. Olga, d'origine norvégienne, se fit appeler *Mormor* par ses douze petits-enfants et arrière-petits-enfants. Manuel est *Abuelo* pour ses vingt et un petits-enfants.

Certains adoptent les traditionnels *Grand-maman* et *Grand-papa* des deux côtés de la famille, et ajoutent le prénom: *Grand-maman Hélène* ou *Grand-papa Jean*, ce qui permet de réserver les plus formels *Grand-mère* et *Grand-père* aux arrière-grands-parents. Si vous choisissez vous-mêmes un nom original, assurez-vous seulement qu'il est facile à prononcer pour les tout petits. Et souvenez-vous que souvent les petits-enfants prennent eux-mêmes la chose en main.

Sandra dit: "Peu importe la façon dont mes petits-enfants m'appellent, c'est toujours comme de la musique à mes oreilles, mais j'ai horreur que mon mari m'appelle "grand-maman"; je ne suis pas *sa* grand-mère!" Quand on devient grands-parents, parfois nos enfants commencent à nous appeler aussi par notre nouveau nom, et il peut être difficile de s'y faire.

Quel que soit le nom que vous choisissez ou celui qu'on vous donne, celui-ci devient un symbole de votre relation particulière avec un enfant. Votre surnom est une marque d'amour; il représente une affection délicieuse et confiante. Il est plus qu'une étiquette, c'est un terme de tendresse qui signifie que vous occuperez pour toujours une place spéciale dans le coeur d'un enfant.

Entreprenez votre cheminement spirituel

*V*ous êtes un être spirituel qui accomplit un voyage spirituel. Si vous ne vous êtes pas encore mis en route, vous ne pouvez tarder davantage. Il est temps de vous éveiller spirituellement et de remettre votre volonté entre les mains de la bonté suprême – pas seulement dans votre intérêt, mais dans celui des enfants de vos enfants, et celui de leurs enfants, que vous ne connaîtrez peut-être jamais. Votre exemple est crucial pour les générations à venir. À moins que vous ne découvriez l'aspect spirituel de votre personnalité, votre vie sera superficielle, et vos petits-enfants risquent de grandir sans racines et d'être obsédés uniquement par les biens matériels.

Que signifie s'éveiller spirituellement? Cela signifie être disposé à continuer d'apprendre, à laisser chaque situation approfondir votre amour. Chaque expérience que vous vivez peut vous apprendre quelque chose sur vous-mêmes, à la condition que vous saisissiez les occasions et que vous n'essayiez pas de vous convaincre que vous savez déjà tout. La personne qui est spirituellement immature ne cesse de gonfler son égo, jusqu'à ce qu'elle s'embourbe dans un marais de suffisance. La personne spirituellement mature, par contre, continue d'apprendre, de s'adoucir, de devenir vulnérable, de se laisser guider par la force qui transporte les cieux. L'existence dans son entier est une entreprise qui vous rapproche du Tout-Puissant. Peut-être les petits-enfants sont-ils des envoyés de Dieu chargés d'adoucir vos coeurs.

Suivre la voie spirituelle signifie porter attention à tout – ce que vous faites et ce que vous êtes. Plutôt que de vivre votre vie sur le pilote automatique, vous agissez avec toute votre conscience. Plus votre conscience est éveillée, plus vous pourrez trouver Dieu partout. C'est le plus grand cadeau que vous puissiez faire à vos petits-enfants et au monde.

Alice, âgée de soixante-dix-huit ans, qui a trois petits-enfants et un arrière-petit-enfant, considère les années au-delà de soixante-dix comme une menace imprévue. Pour elle: "Il y a la naissance et la mort, et entre les deux il y a la vie, et c'est ce que je fais tous les jours; je suis heureuse, parce que je me connais." Elle a commencé à écrire de la poésie à soixante et onze ans, parce qu'elle a du plaisir à s'exprimer par la poésie, et que cela lui permet de rester en contact avec son immortalité.

Claude a pris sa retraite à soixante-deux ans et a commencé à peindre. "Mes toiles et ma peinture me donnent une raison de me lever chaque matin et m'ont aidé à découvrir la beauté. La peinture me fait voir la vie sous un nouveau jour."

Soulagés des pressions du monde du travail, vous pouvez, pendant les années où vous êtes grands-parents, exprimer votre esprit au moyen d'entreprises créatives qui vous relient plus profondément à la force créative qui nous habite tous. Commencez votre journée par une prière dans laquelle vous vous réjouissez de ce que vous avez été, de ce que vous êtes, et de ce que vous serez. Vous avez en vous une grande source de paix; tandis que vous y puiserez, vos petits-enfants la sentiront déborder. La vie est vraiment un voyage. Bien que cela puisse sembler banal, cela vaut la peine qu'on s'en souvienne. C'est à vous de décider de l'endroit où vous voulez aller et de ce que vous voulez faire de votre vie.

Prenez conscience du trajet parcouru

*V*ous en avez fait du chemin! Et le temps est venu de profiter de la récolte, tandis que les fruits de votre labeur s'ébattent joyeusement devant vous. Alléluia! Quelle merveilleuse journée pour être en vie!

Vous avez élevé vos enfants, et ceux-ci, espérons-le, ont mieux tourné que vous. Que Dieu soit loué! C'est dans l'ordre des choses. Vos enfants ont pris le meilleur de vous, l'ont amélioré, et le transmettent à vos petits-enfants. Vous avez devant les yeux toute l'évolution de l'humanité. Cela vous redonne confiance et espoir. Les choses s'améliorent. Vous avez fait du beau travail et vous ne pouvez que vous en réjouir.

Vous et vos enfants avez connu des moments difficiles. Vous avez fait des erreurs, vous avez eu des divergences d'opinion, vous vous êtes disputés, et vous vous êtes réconciliés. Vous n'avez pas toujours été d'accord, mais voilà que votre enfant vous présente un petit-enfant. Les chagrins du passé se dissipent, parce que vous avez un but commun, une raison de vous lever le matin: l'enfant de votre enfant est né.

Au cours des années, vous avez parfois eu des doutes sur ce que vous faisiez. Vous vous êtes demandé: Est-ce que j'en fais assez? Est-ce que j'en fais trop? Suis-je trop sévère? Ne le suis-je pas assez? Il n'est pas facile d'élever des enfants. Vous avez connu des inquiétudes, vous avez essayé de les protéger. Vous vous êtes demandé si vous les gâtiez. Vous avez tenté de les préparer à ce qui les attendait. Vous avez fait de votre mieux avec les moyens que vous aviez alors. Vous avez sans doute fait des erreurs. Vous les avez déçus. Mais cela n'a plus d'importance. Votre fille est une merveilleuse maman, votre fils est un bon papa, et vous avez fait du chemin.

Vos enfants sont grands; ils ont pris ce que vous leur avez donné, ont rejeté ce qui ne leur convenait pas, et ajouté leur grain de sel. C'est vous avec des petites différences. Il ne vous reste plus qu'à soupirer de satisfaction devant le travail accompli.

"En tant que grand-père, je ressens une émotion intense quand je vois ou que j'entends ma petite-fille. Je souhaite tout ce qu'il y a de mieux pour elle, et je veux la protéger, comme je le faisais avec mes enfants", dit George en parlant de sa petite-fille. "Mais je sais que la clé de son avenir est entre les mains de mon fils et de sa mère. C'est pourquoi ma femme et moi lui donnons tout l'amour que nous pouvons – et bien sûr les cadeaux aussi. Nous donnons notre appui sans condition; nous sommes là s'ils ont besoin de nous, et nous sommes heureux quand ils nous demandent conseil."

Vous en avez fait du chemin! Vous méritez de marcher la tête haute.

Soyez flexibles

*A*vez-vous déjà eu l'impression de vous trouver en plein milieu d'un film dans lequel le scénariste n'arrête pas de changer d'idée? Au moment où vous croyez avoir réussi à mémoriser votre rôle, il change votre texte. Cela arrive très souvent aux grands-parents. Vous pensez avoir tout prévu, quand tout à coup bang quelque chose vient bouleverser votre univers: votre fille divorce et revient à la maison avec son fils de cinq ans; votre petite-fille de quinze ans est enceinte et elle veut garder son bébé. Il y a une surprise toutes les cinq minutes.

Certaines personnes s'adaptent plus facilement que d'autres, mais vous aussi pouvez trouver le truc. Le secret, c'est un mélange de flexibilité avec un soupçon d'imagination et une bonne dose d'humour. En étant flexibles, vous réagissez aux changements, vous acceptez d'évoluer selon les situations. Un peu de sagesse, d'adresse et d'imagination ajoutées à la flexibilité vous aideront à faire face à n'importe quelle situation. Et avec de l'humour, même si vous n'arrivez pas à comprendre ce qui se passe, du moins vous rirez.

La flexibilité est la clé. Que vos enfants adultes soient des femmes de carrière ou des hommes à la maison, vous devez vous disposer à comprendre leurs choix de vie. On n'élève pas les enfants de la même façon aujourd'hui que dans votre temps, et les changements que vos petits-enfants connaîtront sont inimaginables. Plus de soixante-dix pour cent des mères travaillent à l'extérieur du foyer par nécessité économique; seulement dix pour cent des mères restent à la maison à temps plein.

Quant à la façon d'élever des enfants, bien des choses ont changé, mais cela ne veut pas dire que vous n'avez pas bien élevé les vôtres. Vos enfants élèvent vos petits-enfants différemment de la façon dont vous le feriez, mais leur monde est différent. Certains grands-parents aujourd'hui croient que les parents sont trop indulgents. "Je me demande si mes petits-enfants ont déjà mangé sans que la télévision soit allumée", se demande une grand-mère. Une autre s'inquiète du fait que ses enfants adultes travaillent trop uniquement pour payer des gadgets inutiles: "Pourquoi ma petite-fille aurait-elle besoin de son propre téléphone?" D'autres grands-parents ont l'impression que leurs petits-enfants ont des vies tellement actives que les simples plaisirs de l'enfance sont coincés entre les obligations, les cours, les sports, ou ont totalement disparu. "N'y a-t-il plus d'enfants qui jouent à la balle dans la cour?", s'interroge Denis.

Marlène est une grand-mère dotée d'une grande capacité d'adaptation, et sa fille Rachel et son gendre Michel en bénéficient grandement. Un jour avant de partir en voyage à Tahiti, moitié pour le travail moitié pour le plaisir, la gardienne que Rachel et Michel avaient engagée pour s'occuper des enfants leur a fait faux bond. À seulement cinq heures d'avis, Marlène a changé ses plans et s'est amenée avec ses deux chiens, qu'elle ne quitte jamais, pour prendre la relève.

La relation avec vos petits-enfants demande du temps, de la patience, de la résistance et de l'imagination. Ayez des attentes réalistes, essayez de nouvelles approches, soyez persévérants, et n'oubliez pas de rire.

Joignez-vous à la fanfare

C'est la génération des "grands", et nous sommes le groupe "in"! C'est parce que nous sommes de plus en plus nombreux. Selon l'Almanach international, d'ici l'an 2000, 34,8 pour cent de la population sera âgée de plus de quarante-cinq ans, et le segment de la population qui croît le plus rapidement aura plus de cent ans.

Les temps sont différents de ceux que nos grands-parents vivaient. Nous ne nous sentons pas vieux, et nous n'agissons pas comme des personnes âgées. Nous avons encore devant nous plusieurs années de vie active à vivre sans problèmes de santé. Nous ne sommes plus soumis aux mêmes stéréotypes que nos aïeuls.

Il n'y a pas si longtemps, des notions absurdes influençaient la façon dont les personnes âgées considéraient leur situation, leur corps et leur avenir: "Les vieux aiment rester tranquille dans leur coin", ou "La sexualité, après cinquante ans, c'est fini". Mais nous faisons un pied de nez aux stéréotypes et nous vivons avec plus d'entrain que jamais. Il suffit de penser à certains grands-parents contemporains que tout le monde connaît: Julie Andrews, Whoopi Goldberg, Suzanne Somers sont toutes grands-mères. Mick Jagger et Paul Newman sont grands-pères.

Bien sûr il y a des jours où vous ressentez certaines douleurs, mais dans vos coeurs vous êtes incurablement jeunes; même si vos corps vieillissent, vos yeux sont toujours aussi pleins d'étincelles et de curiosité. De plus en plus de grands-parents se surprennent à dire: "La vie est de plus en plus belle", "Je vis maintenant les plus belles années de ma vie", et "Je n'ai jamais connu autant de bonheur."

Le bonheur des grands-parents est difficile à décrire, mais c'est comme si une fraîcheur baignait votre âme. Le contentement qui vient avec l'âge est réel; c'est la lumière intérieure qui réchauffe votre esprit et illumine vos jours. Un doux sentiment de bien-être vous comble et vous stimule. Pour la première fois de votre vie, peut-être, vous vivez pleinement. Le rôle de grands-parents vous donne un nouvel élan qui vous permet de vous exprimer au maximum. Comme le dit Thomas: "Personnellement, je préfère penser que j'avance et que j'évolue, plutôt que de penser que je vieillis."

Profitez de chaque journée

*L*es grands-parents n'ont pas tous le même âge – la plus jeune grand-mère que j'aie rencontrée, Estelle, avait trente-six ans; la plus vieille, Deborah, en avait quatre-vingt-dix. Estelle élève son petit-fils, travaille dans une épicerie et suit des cours en design au collège. Deborah prend l'autobus tous les jours pour aller dîner avec une amie. Patricia, qui est aveugle, a sept enfants, douze petits-enfants, et elle a fait un voyage en Inde... toute seule. Timothée, qui a soixante-quatorze ans, est un as de l'informatique autodidacte, et il travaille à temps partiel comme consultant en programmation de jeux vidéos.

Les grands-parents de nos jours ont des styles de vie fascinants et diversifiés. Arthur, âgé de soixante-quatorze ans, veuf pour la deuxième fois, est toujours en compagnie de femmes. Il obtient des vacances gratuites en tant qu'hôte de sexe masculin sur des bateaux de croisière, et il passe ses soirées à danser. Après la mort de l'homme à qui elle avait été mariée pendant quarante-deux ans, Linda a rencontré un autre homme et vit avec lui. Ses enfants ne sont pas d'accord, mais ses petits-enfants l'approuvent: "Grand-maman ne fait de mal à personne." Marilyn, cinquante-neuf ans, vient de s'acheter un véhicule tout-terrain et de passer son permis de conduire haut-la-main. Carl, cinquante-deux ans, a ouvert un petit restaurant de dix tables pour s'adonner à sa passion pour la cuisine. Michel, un électricien de soixante-neuf ans, rénove des maisons. Eloïse, cinquante-sept ans, élève ses quatre petits-fils avec son salaire de technicienne juridique.

Jacynthe, quarante-sept ans, a trois fils âgés de neuf, dix et vingt-six ans, et elle a deux petits-fils jumeaux. Elle apprend actuellement le langage des sourds-muets et donne des cours de catéchèse.

Ces grands-parents ont trouvé leur propre rythme. Ils ont connu des peines et des déceptions amères. Ils ont fait des erreurs et ont des regrets. Ils ont eu des problèmes de santé, ont pleuré la mort d'êtres chers, parfois mêmes d'enfants. Ils ont divorcé; ils ont vécu le deuil de leur conjoint; ils ont eu de l'argent et ils ont fait faillite. Ils regardent en avant plus souvent qu'ils regardent en arrière. Ils ne perdent pas de temps à soupirer sur ce qui ne fut pas. Plutôt que de s'apitoyer sur leur sort, ils se demandent ce qu'il y a à faire, et ils le font.

Pour réussir, profitez de chaque journée. Vous pouvez le faire en savourant vos moments de solitude, en établissant des liens étroits avec d'autres personnes, en restant physiquement actifs, et en prenant soin de votre santé physique et spirituelle. Il n'y a rien de plus triste que de voir une personne qui n'a jamais vraiment vécu. Il y a en vous des ressources non exploitées, un potentiel qui attend d'être découvert. Il y a encore un but dans votre vie. Si vous ressentez l'envie d'essayer quelque chose de nouveau, n'hésitez pas, allez-y!

Nos enfants et nos petits-enfants sont exposés à trop d'images négatives de la vieillesse. Ils ont besoin d'exemples inspirants de styles de vie positifs, séduisants et sains à tous les stades de la vie. Ils ont besoin de comprendre que l'esprit humain, comme du bon vin, s'améliore avec le temps.

Affrontez le cafard

*C*hristiane a le cafard: "J'envie Suzanne, parce qu'elle a ses petits-enfants tout près. J'étais prête à me consacrer à plein à mon rôle de grand-maman, mais les choses ont tourné autrement. La vie m'a encore joué un tour."

Nous avons tous à un moment ou un autre l'impression que la vie est contre nous, et quand ce syndrome nous frappe, cela fait très mal. Il est naturel de faire des projets et d'avoir des idées sur la façon dont nous souhaiterions vivre notre vie. En fait, l'image que nous avons construite pour nous-mêmes est parfois si profondément enracinée en nous que nous n'arrivons pas à nous voir autrement. Et quand la réalité n'est pas conforme à notre image, nous en sommes abasourdis.

Quand Thomas était enfant, il passait tous les dimanches après-midi à courir à la ferme de ses grands-parents. Cinquante ans plus tard, il considérait que ces moments comptaient parmi les plus beaux de sa vie, et il était impatient de les revivre avec ses propres petits-enfants sur sa propre ferme. Ceux-ci ne voient pas les choses de la même façon. Ils ne viennent pas lui rendre visite souvent, et ils n'aiment ni conduire le tracteur, ni traire les vaches, ni faire les foins. Thomas a appris à l'accepter, mais il avoue qu'il ne comprend pas.

Charlotte vit la situation opposée. Elle a élevé ses trois enfants toute seule, a fait beaucoup de sacrifices et s'est battue sans arrêt. Elle rêvait du jour où elle aurait enfin du temps pour elle-même, du temps pour faire exactement ce qui lui plairait – et cela excluait s'occuper d'enfants. Les choses ont tourné autrement pour elle aussi. Sa fille est morte du sida, et Charlotte s'occupe à temps plein de ses trois petits-enfants.

Même quand la vie suit le cours que vous avez souhaité, le cafard peut vous submerger comme une vague gigantesque au moment où vous vous y attendez le moins. Avoir le cafard, c'est être au lit à trois heures du matin les yeux grands ouverts, ou s'asseoir dans son fauteuil préféré à regarder la télévision sans le son. Vous n'avez pas d'énergie, et soit vous n'avez pas d'appétit, soit vous mangez tout ce qui vous tombe sous la main, en vous demandant: "Qu'est-ce que ça donne tout ça?"

Que faire? Vous ne savez plus très bien quelle est votre raison de vivre. Vous savez que vous ne voulez être un fardeau pour personne. Vous savez que vos enfants et vos petits-enfants vous aiment. Mais dans ces sombres nuits de l'âme, vous vous sentez tellement seuls. Vous pleurez si longtemps et si fort, que la seule chose qui reste à faire c'est de vous mettre à rire. Alors vous faites semblant d'être joyeux. Vous répondez que tout va bien, quand vos enfants vous appellent, et vous souriez quand vous êtes avec eux. Puis, tout d'un coup, vous vous sentez mieux, vous sortez, vous appelez vos amis. Vous savez qu'il faut bien mener certains combats, parce que vous êtes la preuve vivante que c'est en traversant des tempêtes que nous pouvons le mieux reconnaître ce que nous avons.

Tournez une nouvelle page

*M*on petit-fils vient d'avoir dix-sept ans, et moi je revis ma crise de la quarantaine, me dit Liliane. *Hier encore j'avais dix-sept ans, et du jour au lendemain j'en ai cinquante-cinq et j'ai le droit de profiter des rabais de l'âge d'or. Il y a un tas de choses de mes années de jeunesse qui ne me manquent pas, mais certaines me manquent, comme perdre du poids facilement et être remarquée.*

Chaque phase de votre vie vous a demandé des ajustements. Vous avez éprouvé de petits et de grands chagrins. Vous vous êtes mariés, avez acheté une maison, élevé des enfants. Puis les enfants sont partis, et vous vivez un moment décisif. C'est important pour vous.

Il y a des deuils évidents, comme le divorce et la mort de l'être aimé. Il y en a d'autres qui le sont moins, comme la ménopause, la retraite et la perte de la jeunesse. Le mari de Lidya est mort le jour où son petit-fils est venu au monde; elle a vécu sous le choc pendant un an, et elle a pleuré pendant une autre année. Elle commence à s'en sortir maintenant: elle a entrepris de se trouver un nouveau compagnon et une nouvelle vie.

"Je souhaiterais pouvoir tourner la page et continuer à vivre", dit Paul depuis huit mois, c'est-à-dire depuis qu'il a été forcé de prendre sa retraite prématurément. "Après ma retraite", dit William à la blague pour tenter de le rassurer, "je me suis assis dans une chaise berçante pendant six mois; les six mois suivants, je me suis bercé."

Les transitions se font dans un processus de deuil émotionnel et spirituel. Le deuil consiste à réarranger notre psyché et à modifier notre conception de nous-mêmes. La douleur est si profonde, qu'il faut l'avoir vécue pour la comprendre. La solitude est si totale, qu'il est impossible d'en parler avant d'aller mieux. On ne peut pas s'en remettre en s'achetant un nouveau vêtement, en prenant une pilule, ou en souhaitant que la peine s'en aille. On ne peut pas noyer son chagrin dans l'alcool. On peut l'oublier pour un jour ou deux, mais il ne s'en ira pas tant qu'on ne l'aura pas éprouvé complètement: il faut pleurer, crier, prier et attendre. Il faut faire et ne pas faire; il faut laisser faire le temps. On se sent impuissant et vide, fatigué et agité. On manque de motivation, et on n'a plus d'espoir. On ne se sent plus nous-mêmes.

Quand vous souffrez, admettez-le. Les enfants comprennent ce genre de choses, alors il est inutile de cacher sa tristesse. Prenez soin de vous et guérissez à votre propre rythme.

"Qu'est-ce qu'il y a, grand-papa?", demande Jocelyn. "Je me sens malheureux comme les pierres", répond le grand-père. "Je suis désolé, grand-papa". Jocelyn monte sur ses genoux et lui dit: "Tu peux me serrer dans tes bras si tu veux."

Vous guérirez. Vous trouverez votre voie; vous tournerez la page. Votre vie sera différente, mais ce sera bien. Soyez optimiste. Dites à vos petits-enfants: "Je vais mieux chaque jour." Et vous allez mieux en effet, parce que vous êtes plus indépendant, vous pensez plus clairement, et vous vous connaissez mieux. Saluez le jour qui se lève, et sautez du lit. Vous avez vécu un deuil, vous avez survécu, et vous avez grandi.

Vivez avec style

*V*ivre avec style ne signifie pas forcément être excentrique, quoique si vous l'êtes, vos petits-enfants l'accepteront probablement plus facilement que vos enfants adultes. Vivre avec style signifie être soi-même, avoir sa propre originalité. C'est avoir ses opinions et ne pas se préoccuper de ce que les autres pensent de nous. C'est suivre son propre rythme, se lever à l'aube ou passer la nuit debout si cela nous chante. C'est s'acheter à soi-même des fleurs et du parfum. C'est entraîner ses petits-enfants au musée et leur montrer les toiles de Monet. C'est acheter un shampoing colorant à la pharmacie et se laisser teindre les cheveux par sa petite-fille.

Si vous trouvez que votre style manque un peu de piquant, je vous recommande l'exercice suivant: écrivez au haut d'une feuille de papier les mots *Ma liste de bonheur*. Énumérez les activités, les lieux, les choses et les personnes qui vous apportent de la joie, du plaisir et de la satisfaction. Relisez votre liste, et continuez à y ajouter des éléments. Puis, chaque jour, petit à petit, concevez un plan d'action pour remplir votre vie de ce qui se trouve sur votre liste.

Quand Caroline a complété sa liste de bonheur, elle a compris qu'il était temps qu'elle déménage plus près de ses petits-enfants. Elle sait que ce ne sera pas facile, parce qu'elle laisse derrière elle un environnement familier pour aller vers l'inconnu. Son fils et sa belle-fille l'encouragent à le faire depuis plus d'un an. Elle en parle avec eux et commence à régler les détails. "Il y aura une période d'ajustement", dit-elle, "mais je suis convaincue que je serai plus heureuse si je me rapproche d'eux."

Le style que vous choisissez ne correspond peut-être pas à l'image que vos enfants se font de vous. Hélène et Raymond ont dressé des listes distinctes; après les avoir comparées, ils ont décidé de vendre la maison familiale. "Malgré les objections de nos enfants", précisent-ils. "Nous avons loué une maison mobile, et nous voyageons. Nous nous sentons comme des nouveaux mariés; nos petits-enfants adorent ça... et nos enfants s'habituent à leurs nouveaux parents."

Vivre avec style ne demande pas nécessairement une transformation radicale: il peut suffire de vous offrir de petits plaisirs qui mettent du piquant dans votre journée. C'est entretenir une petite serre où l'on fait pousser des fines herbes, c'est passer un après-midi en compagnie d'amis, c'est sortir l'argenterie pour deux: vous et votre petit-enfant.

C'est prendre soin de votre santé et vous sentir le mieux possible. C'est aller au parc avec vos petits-enfants et vous balancer. C'est faire un jardin avec eux: semer, sarcler et leur montrer les nouvelles pousses. C'est servir de la limonade sur le balcon et faire des montagnes de feuilles mortes pour que les petits-enfants puissent se rouler dedans. C'est dormir la fenêtre ouverte, avec des bas de laine s'il le faut. C'est être la personne qui applaudit le plus fort au concert de piano de vos petits-enfants.

Élargissez votre cercle de grands-parents

*L*a famille nucléaire étroite est très spéciale, mais la famille composée de personnes apparentées et non apparentées est également merveilleuse. Les familles peuvent être fondées sur des liens de sang, ou ressembler à une courtepointe – les motifs sont parfois différents, mais une fois rassemblés ils travaillent dans le même sens. De nos jours, les familles peuvent se composer des enfants, des petits-enfants, d'une demi-douzaine d'amis, d'un oncle et d'une tante, de trois cousins éloignés, de quelques voisins et d'animaux égarés.

Un sage a déjà dit: "On peut aimer le monde entier", et je crois que c'est vrai; mais même si vous n'en demandez pas tant, le fait d'élargir votre influence de grands-parents au-delà de votre famille immédiate peut contribuer largement à votre épanouissement. Plus vous aimez de gens, et plus il y a de gens qui vous aiment, mieux c'est. Nous voulons tous faire notre part, et quand nous tendons la main à d'autres enfants, à d'autres parents, notre bonté peut devenir contagieuse.

Il y a partout des enfants qui ont besoin d'adultes responsables, attentifs et humains qui leur accorderont de l'attention, croiront en eux, veilleront sur eux et les aideront si nécessaire. Les enfants ont besoin de grands-parents disposés à travailler sans relâche et à aimer sans condition, de grands-parents qui comprennent que l'amour est la force qui répare les coeurs brisés et maintient les familles intactes. L'amour des grands-parents est la colle qui cimente la famille pendant les moments difficiles et qui illumine la vie quand tout va bien. La génération des plus jeunes a besoin que vous les aimiez et que vous les guidiez activement.

Jeanne n'a pas encore de petits-enfants, mais elle sert de grand-maman remplaçante à son petit-neveu de quatre ans, dont les grands-parents vivent dans une autre ville. "Grâce à lui, je découvre ce dont je n'avais pas le temps de profiter avec mes propres enfants. Comme le regarder tenir son sac de pop-corn et lui apprendre à utiliser les téléphones publics."

En plus de s'occuper de ses deux petits-enfants, Samuel fait partie d'un groupe de grands-parents bénévoles. Deux fois par semaine il passe la matinée dans une garderie, il fait la lecture et parle aux enfants qui manquent d'attention de la part des adultes. Alphonse est bénévole dans un camp d'été pour les enfants qui ont le cancer, depuis que sa fille est morte de la leucémie il y a vingt-trois ans. Le pourcentage de grands-parents qui font du bénévolat est passablement élevé, ce qui prouve que quand on fait quelque chose pour un autre être humain, jeune ou vieux, qu'il s'agisse d'un parent ou d'un parfait étranger, on reçoit autant sinon plus qu'on donne.

Faites quelque chose pour les autres. Sortez de la maison. Participez. Ne vous apitoyez pas sur votre "pauvre" sort. Vos enfants sont pris dans le tourbillon de la vie, comme vous l'avez vous-mêmes été. Vous devez maintenant avoir un esprit de pionnier et remplir votre vie de bonnes choses. Si c'est des enfants que vous voulez, regardez autour de vous, et donnez de votre temps là où il y en a. Le monde a besoin de vous!

Restez actifs

*I*l est probable que vous vivrez jusqu'à quatre-vingts ans ou plus. Si vous voulez rester jeune de corps, d'esprit et d'âme tandis que vous avancez en âge, vous devez rester souple et continuer de bouger. Vous devez continuer de marcher, de penser et de sentir. Vous devez vous activer! Ce n'est pas l'âge qui vous fait vieillir; c'est l'inertie et le retrait.

La majorité des personnes âgées ne sont pas malades au lit. Des recherches récentes ont détruit le mythe selon lequel la vieillesse amène inévitablement la détérioration mentale et la sénilité. Vous ne retrouvez pas l'information aussi rapidement qu'avant (qu'est-ce que ça peut faire si vous ne vous rappelez pas les noms et les numéros de téléphone que vous connaissiez par coeur il y a trente ans?), mais votre capacité d'apprendre demeure la même, surtout quand vous imposez régulièrement des exercices à vos muscles cérébraux. Ne vous inquiétez pas si votre mémoire n'est pas aussi rapide que celle de vos petits-enfants: vous avez emmagasiné beaucoup plus d'informations qu'eux. Vous pouvez aussi les maintenir en alerte!

Le contact de jeunes enfants aide à rester jeune. Peut-être parce qu'il faut être capable de bouger pour réussir à les suivre et que pour être capable de parler avec eux il faut connaître les jouets et les styles les plus récents, les expressions à la mode et l'évolution de la technologie.

Rester actifs ne signifie pas faire une promenade d'une heure et aller s'étendre pendant les vingt-trois heures qui restent. Être actif est un mode de vie: on commence par se lever le matin, avec l'envie de se mettre en mouvement, et on finit par une bonne nuit de sommeil.

Ce n'est pas parce que vous avez atteint l'âge de la retraite que vous devez cesser de travailler. À soixante-trois ans, Doris fait un malheur dans l'immobilier. Elle commence sa journée par une séance d'entraînement au gymnase, puis elle voit des clients jusque dans l'après-midi. Le soir, elle voit des amis, assiste à des conférences, va au cinéma et au théâtre, et parfois même elle va danser jusque tard dans la nuit. Elle s'intéresse activement à la politique, et surtout à la protection de l'environnement. Pour elle le travail est très important; c'est ce qui la rend heureuse. Helen Gurley Brown, chef de la rédaction du magazine Cosmopolitan depuis plus de trente ans, dit que le travail est sa "drogue préférée". À soixante-quinze ans, elle parle de ventes du magazine à l'étranger et est en train d'écrire son cinquième livre.

Mon amie Carole a deux petits-enfants et est guide dans un musée. Elle a commencé à faire ce travail quand son mari a pris sa retraite. Après avoir travaillé pendant de nombreuses années, celui-ci est heureux de se détendre sans avoir d'horaire fixe, tandis qu'elle, après avoir passé sa vie à la maison à élever ses enfants, a envie de sortir et de voir du monde.

Quelle que soit l'option que vous choisissez, ne vous compliquez pas la vie, mais ne vous arrêtez pas complètement. Après tout, l'ennui prématuré est bien pire que les cheveux gris.

Tournez-vous vers vos amis

*I*l y a un vieux proverbe qui dit: Prenez du plaisir avec vos petits-enfants, trouvez du réconfort dans vos amitiés. Il est bon de trouver un sens à sa vie et de la satisfaction autrement qu'auprès de nos petits-enfants adorés. C'est difficile parce qu'en général nous consacrons tout notre être – nos énergies, notre argent et notre travail – à notre famille. Nous avons fait ce choix, et nous ne regrettons pas de l'avoir fait. Nous serons toujours là pour les membres de notre famille, et ils le savent. Nous les adorons. Ils ont besoin de nous, et pourtant il nous arrive de penser que c'est nous qui avons le plus besoin d'eux. On a parfois l'impression qu'ils sont trop occupés pour comprendre à quel point. Les émotions viennent et s'en vont plus facilement quand on les partage avec un ami intime.

Nous avons besoin d'amis pour discuter, pour avoir du plaisir et pour socialiser. Les amis sont une source de réconfort et de force quand nos petits-enfants n'ont pas appelé depuis un mois et qu'ils nous manquent. Nous voulons bien que l'appel vienne de nous la plupart du temps, mais cela nous fait plaisir que ce soit eux qui appellent une fois de temps en temps. Plutôt que de les faire sentir coupables, pourquoi ne pas dire à une amie comment vous vous sentez? Elle comprendra, cela lui est arrivé aussi. Engagez-vous à vous appeler avant de faire quelque chose d'extravagant, comme déshériter l'un de vos petits-enfants.

Les statistiques démontrent que les femmes passent une portion de leur vie de grands-parents toutes seules, à cause d'un décès ou d'un divorce. C'est la même chose pour les hommes. Si vous avez déjà établi un cercle d'amis intimes qui répondent à vos besoins de socialisation, vous avez de la chance. Mais si vous vous demandez quoi faire le samedi soir, vous avez besoin de recruter d'autres copains.

Vous pouvez commencer par investir dans vos vieilles amitiés. Appelez quelqu'un que vous n'avez pas vu depuis longtemps. Si votre ami est en couple, rien n'empêche que vous fréquentiez aussi l'autre membre du couple. Invitez les voisins à dîner à la fortune du pot, ou joignez-vous à un groupe de danse de l'âge d'or.

Le dimanche à 16 h 00 chez Alice c'est le jour de la soupe. Les vieux amis et la famille sont toujours les bienvenus, et elle invite généralement quelqu'un de nouveau: sa coiffeuse, une voisine, le commis du bureau de poste. "Venez n'importe quel dimanche; apportez du pain, du vin, ou des sucreries", lit-on sur sa carte d'invitation. C'est une tradition informelle qui dure depuis des années.

Faites-vous un devoir d'avoir des amis de tous les âges, et présentez-leur vos petits-enfants. Si vous intégrez vos petits-enfants à votre cercle d'amis, la première chose que vous saurez c'est qu'ils seront grands et qu'ils viendront vous voir pour connaître les derniers potins.

Polissez votre style

*Je ne veux pas être ce genre de grands-parents qu'on estime unique-
ment pour les cadeaux qu'ils font. Je ne veux pas que ma relation
avec mon petit-fils soit basée sur des choses matérielles*, dit Patricia. *Je
veux partager avec lui mes vues sur l'humanité, lui faire voir à quel point
le monde est merveilleux. Nous regarderons ensemble les oiseaux voler, les
fleurs s'épanouir; nous verrons passer les saisons. Je vais l'amener à la
plage et faire un petit jardin juste pour lui. Je veux lui faire connaître les
arts en l'amenant voir Casse-Noisette, et quand il aura quatre ans je
l'amènerai à l'opéra. Et je vais l'amener faire du ski de fond, pour qu'il
puisse apercevoir les chevreuils à travers les branches des arbres. Je veux
partager l'univers avec lui, et le voir avec ses yeux.*

Avant d'avoir des enfants, vous imaginiez probablement ce que ce
serait d'être un papa ou une maman. Vous vous voyiez en train de prendre
soin d'un bébé, et vous aviez hâte de jouer votre nouveau rôle. Vous y avez
réfléchi, vous en avez rêvé, vous avez fait des projets d'avenir. Mais c'est
un peu différent quand on devient grands-parents, parce que de plusieurs
façons il est plus facile de s'imaginer dans le rôle de parents que dans celui
de grands-parents. Pour la plupart d'entre nous, en effet, la vieillesse n'est
pas une perspective rassurante, car nous associons le statut de grands-parents
avec l'âge d'or. Alors même si l'idée de partager de nouveau la vie d'un
enfant vous enthousiasme, vous avez conscience que votre vie passe très
vite. Les grands-parents avec qui j'ai discuté, toutefois, m'ont assuré que

comme les petits-enfants sont un des avantages de la vieillesse, il y a lieu de réfléchir au style de grands-parents que nous souhaitons devenir.

Personne ne vous prépare à combler le poste, ni ne vous demande si vous le voulez: vous êtes désigné d'office. On s'attend à ce que vous sachiez ce qu'il faut faire. Vous devrez tracer votre propre chemin, voler de vos propres ailes. Vous ne pouvez pas décider quand vos enfants auront des enfants, mais vous pouvez décider comment vous vous comporterez à leur égard.

Vous pouvez toujours avoir recours à vos qualités de parents, mais, à moins que vous ne vous occupiez de vos petits-enfants à temps plein, vous devrez acquérir aussi des aptitudes au rôle de grands-parents.

Il n'y a pas qu'une seule façon d'être grands-parents. Les grands-parents peuvent être dynamiques ou calmes, excentriques ou raffinés. Quelle est votre approche? Quand vous aurez choisi votre style, vous pourrez prendre des décisions concernant votre rôle.

Établissez les règles de votre maison

O gden Nash a peut-être dit: "Quand les grands-parents entrent par une porte, la discipline sort par l'autre", mais je ne suis pas certaine que ce soit vrai. Les enfants se conduisent souvent mieux avec les grands-parents. Cela tient peut-être de la "fréquentation".

"Au chapitre de la discipline, la plupart du temps je suis une grand-mère très discrète", dit Suzanne Priscilla. "Sauf l'an dernier, quand j'ai décidé de donner à mon fils et à sa femme une journée de congé. Le tout avait commencé la veille de Noël, alors que Jonathan, mon adorable petit-fils de six ans, était très excité. Son comportement était exaspérant, et je ne voulais pas que le même tohu-bohu gâche notre déjeuner de Noël. J'ai donc annoncé à mon fils et à ma belle-fille que je leur donnais congé pour la journée. Comme nous passions tous la journée dans ma maison, je me chargeais de tout et ils n'avaient qu'à s'asseoir et à s'amuser. Au début, j'ai craint de les avoir insultés. Je ne m'étais jamais imposée de la sorte auparavant, alors j'avais peur qu'ils croient que je laissais entendre qu'ils ne s'occupaient pas bien de leur enfant. Ce n'était pas le cas; je voulais juste m'assurer que tout le monde passerait une très bonne journée. Personnellement, je n'aurais pas pu profiter de la journée avec dans la maison un enfant de six ans qui n'en faisait qu'à sa tête. Quand ils sont arrivés le lendemain, j'ai eu une petite conversation en privé avec mon petit-fils, et j'ai calmement expliqué les règles. Je lui ai dit ce que j'attendais de lui. Il a été une vraie soie, et il a été beaucoup plus calme que quand ses parents ont les commandes. Sa tante Karine lui a montré comment disposer les pommes de terre et le fromage dans le plat à gratin, et sa tante Catherine l'a laissé mettre le chocolat sur le gâteau. Il était aux anges, et il s'est très bien conduit. Ce fut une journée extraordinaire."

Le petit-fils de Suzanne Priscilla a appris que sa grand-maman fait les choses différemment de ses parents, et il respecte sa façon de faire. Celle-ci ajoute: "Mon fils et sa femme ont même remarqué la différence et m'ont remerciée pour leur journée de congé."

Apprendre que chaque maison a ses propres règles fait partie de l'éducation. Grand-maman A est peut-être plus stricte que grand-maman B, et grand-maman fait peut-être les choses différemment de grand-papa. Certains grands-parents peuvent faire des choses exactement comme les parents; d'autres non. Quand Alexandre va rendre visite à sa grand-mère, il sait que tout le monde doit enlever ses chaussures en entrant dans la maison et qu'il est interdit de sauter sur les lits.

Vous pouvez très bien être affectueux et sympathiques tout en établissant vos règlements. C'est une découverte pour vos petits-enfants et même une expérience d'apprentissage pour vous-mêmes.

Assumez votre rôle avec enthousiasme

Quoique la petite-fille de Jeannette soit maintenant âgée de huit ans, Jeannette refuse de se débarrasser du tricycle rose au panier blanc stationné devant la porte de son condo. Le jour où je lui ai rendu visite, elle avait laissé une note à l'intention du messager, l'instruisant de laisser le colis dans le panier. "Le concierge voulait que je me débarrasse du tricycle, mais j'ai refusé", dit Jeannette en souriant d'un air moqueur. "Je vis pour mes petits-enfants, et je ne comprends pas les gens qui souhaitent qu'on les laisse tranquilles maintenant qu'ils ont élevé leurs enfants." Jeannette ne pourrait passer une semaine sans voir ses petits-enfants. "Je ne me sens pas bien quand je ne les vois pas. Je les ai attendus toute ma vie." Ce n'est que trop vrai. Quand son fils lui a annoncé qu'il allait se marier, elle a tout de suite commencé à acheter des vêtements pour bébé. "Mais ton fils n'est même pas encore marié", protestaient ses amis. "Non, mais il est fiancé", observait-elle.

"Pour être une bonne grand-maman, dit-elle, il faut transporter des sacs d'épicerie pleins de choses – pas des cadeaux, mais des choses, par exemple de la soupe au poulet. Je suis une grand-mère, pas une bonne, et je fais de la soupe au poulet pour tout le monde." Elle a toujours avec elle comme porte-bonheur des photographies de Jacob et Catherine, et elle achète des présents quand l'envie lui prend. "Ce ne sont pas les cadeaux qui gâtent les petits enfants", prétend-elle. "C'est le fait de les laisser faire tout ce qu'ils veulent."

"Quand on a l'âge que j'ai, ma chérie, il ne reste plus grand-chose. Les enfants vous font sentir jeune. Si tu ne me crois pas, amène un groupe d'enfants dans un foyer pour personnes âgées, et tu vas voir comme celles-ci s'animent. Les petits vous stimulent, ma chérie. J'ai l'air jeune et je me sens jeune, parce que je vis pour ces deux enfants. Ils sont très futés, et je ne dis pas cela parce que nous sommes parents."

Elle agite l'index en l'air, et elle dit: "Les gens manquent le bateau. Les petits-enfants font partie de nous; nous avons quelque chose à voir dans leur création, alors il ne faut pas les abandonner. Les petits-enfants nous donnent un amour inconditionnel, et quand on est vieux on a besoin de cet amour pour vivre."

Jeannette me montre une photographie en noir et blanc sur le mur du salon, et elle dit avec conviction: "C'est ma grand-maman, qui m'a aimée dès le jour où je suis née, et c'est de cela que chaque enfant a besoin. Le monde serait meilleur si chacun avait sa grand-maman."

Je comprends parfaitement ce qu'elle veut dire.

Les liens

Les petits-enfants sont des aides de Dieu,
responsables d'adoucir nos coeurs
et d'ouvrir nos yeux et nos oreilles
aux visions et aux sons les plus simples
qui nous donnent du bonheur.

Les grands-parents sont responsables
de l'affection et du pardon;
ils entretiennent et solidifient
les liens du coeur
dans notre famille.

Accordez toute votre attention

*L*orsque j'ai dit à Joyce que j'écrivais un livre sur l'art d'être grands-parents, elle m'a dit: "Il n'y a qu'une seule façon, ma chérie – il faut être là pour eux." Elle a raison. Être disponible et accorder votre attention est la plus grande preuve d'amour.

L'attention est un des éléments les plus importants pour le développement physique, émotionnel et spirituel des enfants. Les semences ne deviennent pas des bourgeons sans attention soutenue, et les bourgeons ne pourront pas éclore si vous ne leur donnez pas les soins nécessaires: il faut arroser, nourrir, éloigner les moustiques, surveiller avec patience. Les enfants, comme les fleurs dans un jardin, ont besoin d'un nombre incalculable d'heures d'attention. L'enfant qui est ignoré et négligé va dépérir, mais il va grandir et s'épanouir avec de l'attention et de la tendresse.

Des recherches ont démontré qu'on peut placer deux plantes dans la même terre et leur donner le même engrais, mais que celle à qui on parle, à qui on accorde plus de soins et d'intérêt va pousser plus vite et s'épanouir davantage. En quelques semaines seulement, elle sera luxuriante, tandis que la plante négligée sera presque fanée. Les enfants aussi, pour se développer, ont besoin d'une dose quotidienne de nourriture, d'eau, de soleil, d'attention affectueuse, et de conversation d'égal à égal. Les attentions des grands-parents sont des vitamines pour l'esprit des enfants. Ils peuvent être capables de survivre sans elles, mais des ingrédients essentiels manqueraient. C'est votre rôle: vous êtes l'Empereur ou l'Impératrice de l'Attention. Vous accordez une validation précieuse à l'essence de l'âme de vos petits-enfants. Grâce à ce que votre expérience vous a permis d'apprendre, vous pouvez plus facilement reconnaître, parfois mieux que les parents, quel type d'attention est requis et quand celle-ci est nécessaire.

Vous pouvez donner de l'attention, même si vous vivez loin, au moyen d'appels téléphoniques, de lettres, ou de petites surprises qui font comprendre à vos petits-enfants qu'ils comptent pour vous.

Il faut toutefois bien faire la différence entre s'intéresser et s'imposer, alors assurez-vous de bien équilibrer votre attention avec une dose de bon sens. Quand vos petits-enfants sont avec vous, loin de leurs parents, vous pouvez leur accorder toute l'attention que vous voulez, selon la forme que vous voulez; mais quand les parents sont là, il est souvent préférable d'être plus subtil dans ses attentions pour ne pas nuire à leurs efforts. Voici ce que conseille Pauline: "Quand les parents sont présents, je les laisse donner le ton, et j'essaie de déterminer quand et comment on a besoin de moi; quand je ne suis pas certaine, je leur demande."

Il est extrêmement gratifiant de donner de l'attention à nos petits-enfants, que ce soient des nouveau-nés, des adolescents ou des adultes. Même s'ils ne vous remercient pas avec des mots, l'épanouissement de leur être est votre récompense. Le résultat de votre labeur, c'est de les voir grandir et devenir ce qu'ils sont destinés à devenir: plus habiles, créateurs, honnêtes, aimables, heureux et pleins de vie.

Pardonnez tout

*L*e pardon est la pierre d'assise des relations familiales stables. Les rancunes persistantes détruisent l'harmonie de la famille et sont également nuisibles pour l'âme. Elles emprisonnent les innocents dans leur toile insidieuse et grugent lentement l'essence des liens de la famille entière, et souvent les enfants en sont les principales victimes.

Nous pouvons facilement trouver des raisons de justifier notre colère – il a fait ceci, elle a fait cela – mais les litanies sur le mal qu'on nous a fait ne dissiperont pas le brouillard, ne calmeront pas les tensions, ne corrigeront pas le tort subi. Seul le pardon peut faire cela. Pour tisser des liens solides avec les êtres que nous aimons, nous devons reconnaître et accepter leurs faiblesses et les nôtres. Nous avons tous été maltraités et incompris, mais ressasser nos vieux malheurs ad nauseam ne fera pas guérir les blessures. C'est épuisant de s'accrocher à sa colère. Et où sont les enfants durant le conflit? Généralement en plein dedans.

Quand Marthe et sa fille Catherine sont dans la même pièce, l'atmosphère est à couper au couteau. Tandis que Marthe prépare le repas et met de la vinaigrette dans la salade, Catherine ouvre la porte du réfrigérateur et en sort la laitue. "Qu'est-ce qu'il y a?", demande Marthe d'un ton accusateur. "Tu n'aimes pas ma salade?" "Je ne veux pas de vinaigrette", répond-elle sèchement. Assis à la table, les deux petits-enfants sentent la tension dans l'air. Ils lèvent les yeux au ciel; ils regardent le sol. Sur le chemin du retour, Catherine leur dit: "Elle fait toujours ça." Après leur départ, Marthe appelle son autre fille et lui dit: "Catherine a encore fait une scène."

Les blessures du passé, comme de gros bouillons qui couvent sous la surface, continuent d'infecter le présent. Il faut du courage pour aller de l'avant, parce que cela demande de réfléchir sur la façon dont nous avons pu contribuer à l'éruption. Il importe de prendre le risque de dire: "J'aimerais comprendre pourquoi tu m'en veux." Ce n'est que quand nous prenons conscience du rôle que nous avons joué que nous sommes prêts à pardonner. Le mieux est de commencer par en parler avec un ami ou de crier sa rage dans la douche; criez, pestez, hurlez s'il le faut... puis pardonnez.

Le pardon permet de repartir à zéro. C'est une décision qui aide la blessure à guérir, qui rétablit la confiance. Pardonner ne signifie pas nécessairement oublier; cela ne donne pas non plus la possibilité de revenir en arrière; mais cela permet d'aller de l'avant. Pour pardonner, il faut voir autre chose que la trahison, autre chose que la douleur. Il faut voir l'évolution de l'autre personne; voir ce qu'il y a d'autre à voir: les avantages pour les enfants, par exemple. Y a-t-il de meilleure raison de choisir de renoncer à la colère et de traverser le précipice? Plutôt que de laisser les querelles et la colère définir les relations, le pardon permet de voir les choses d'un autre oeil. Quand on porte le poids des rancunes, on n'a pas toute notre énergie pour aimer. Quand on est tendu et replié sur la colère, les enfants ont tendance à le prendre comme un rejet personnel. Ils ont vite fait de se croire responsables des problèmes qui opposent les adultes dans leur vie. Notre travail est de les protéger, pas de les briser. Nous pardonnons, non par faiblesse, mais par force de caractère.

Pratiquez l'art des conversations amicales

*O*n a déjà dit qu'il n'est rien de ce qu'on reproche à la jeune génération que la génération des aînés n'a pas traversé. Peut-être vous rappelez-vous avoir entendu, alors que vous étiez enfant, vos grands-parents se demander: "Où vont les jeunes d'aujourd'hui?" Maintenant c'est vous qui vous posez cette question.

Des garçons avec des boucles d'oreille, des filles avec des tatouages. C'est un phénomène que vous ne comprenez pas, et que vous ne cherchez peut-être même pas à comprendre.

Tandis que vos enfants s'affolent du comportement de vos petits-enfants, vous avez la liberté de ne pas passer de jugements, ce qui facilite plus le dialogue que les menaces et les emportements, auxquels les parents sont souvent portés. Le rapport que vous avez avec vos petits-enfants est différent de celui que ceux-ci ont avec leurs parents. Vous avez une vision plus large. Vous voyez le portrait en entier. Par conséquent, vous pouvez engager avec des adolescents et des pré-adolescents des conversations amicales sur des sujets ou des problèmes difficiles.

Avoir une conversation amicale signifie que vous écoutez, pendant qu'ils parlent. Voici quelques phrases utiles pour faire démarrer la conversation (elles vous serviront autant avec les petits-enfants qu'avec leurs parents): Qu'est-ce qui s'est passé? Comment te sens-tu? Qu'est-ce que tu vas faire? Est-ce que tu envisages une autre solution? Est-ce que je peux faire quelque chose? L'important c'est de poser les questions d'un coeur léger. Qu'il s'agisse d'une peccadille ou d'une crise majeure, vous serez parfois la seule personne capable de garder son sang-froid.

Alors que Jean et Charlotte rendaient visite à leur fils, leur petit-fils Grégoire, âgé de seize ans, est rentré deux heures plus tard que l'heure qui lui avait été fixée. Soulagés de le voir rentrer, mais fâchés qu'il n'ait pas téléphoné, ses parents le contre-interrogeaient et criaient après lui. "À quoi penses-tu donc?", lui demanda son père. "Comment as-tu pu faire ça? Il te sera défendu de sortir pendant six mois."

"Nous étions si inquiets", dit sa mère en pleurant. Grégoire haussa les épaules et se dirigea vers sa chambre sans dire grand-chose.

Jean attendit au lendemain matin que tout le monde se soit calmé, et il demanda en tête-à-tête à Grégoire, avec son ton calme de grand-père: "Qu'est-ce qui s'est passé Grégoire?". Il demanda à sa belle-fille, en prenant une tasse de café: "Comment te sens-tu ce matin?" Et en faisant la vaisselle du déjeuner avec son fils, il lui dit: "Je me demande s'il n'y aurait pas une autre façon de régler cette affaire..." Grâce au calme avec lequel il posa les questions et écouta les réponses, la paix fut rétablie et Grégoire a révélé qu'il avait été témoin d'un accident de voiture et qu'il était resté pour aider les victimes.

Que ce soit vos petits-enfants ou leurs parents qui sont fâchés, il est toujours préférable d'attendre que chacun se soit calmé avant d'intervenir. Vous n'avez pas à régler les problèmes, mais en posant les bonnes questions et en écoutant avec objectivité, vous les aiderez à trouver leurs propres solutions.

Créez un coin pour les petits-enfants

*E*n examinant à la librairie la pléthore de livres destinés aux grands-parents, j'ai été frappée par la quantité d'ouvrages contenant des suggestions d'activités que les grands-parents peuvent entreprendre avec leurs petits-enfants. Toutes les activités imaginables étaient énumérées quelque part: la peinture, le tricot et le petit point, la fabrication de chandelles, le tressage de paniers, la collection de monnaie, le découpage, la chasse au papillon... les listes étaient interminables. Les grands-parents ont-ils vraiment besoin de listes pour savoir distraire leurs petits-enfants?

Bien sûr les enfants ont besoin de faire des choses quand ils vont en visite. Il n'est pas réaliste de s'attendre à ce qu'ils restent assis tranquilles, cela tiendrait presque du châtiment cruel et inusité! Que vos petits-enfants soient des boules d'énergie ou des adolescents qui se trémoussent au son de la musique à la mode, ils ont besoin de s'occuper. Si vous vous préparez d'avance, vous ne vous arracherez pas les cheveux à trouver des moyens de les éloigner de vos objets de valeur. (S'il y a des choses que vous ne voulez pas voir entre les mains d'un bébé curieux, rangez-les.)

Outre la joie de vous voir, un des plaisirs d'aller chez grand-maman c'est de fouiller dans ses affaires. "Je regarde toujours dans les tiroirs du sous-sol chez mes grands-parents", me dit Bernard. Il trouve chaque fois de nouveaux trésors, des bandes dessinées, des outils et des pièces d'auto. D'ailleurs, sa grand-mère est réputée pour cacher des certificats spéciaux dans ses tiroirs: Bon pour une soirée au cinéma avec grand-maman et un copain de votre choix.

Les choses cachées dans vos tiroirs, vos sous-sols et vos greniers méritent d'être examinées. Ma grand-mère avait une boîte de boutons qui m'a intriguée pendant des années. Les enfants adorent les antiquités, comme les vieilles machines à écrire et les tourne-disques. Remplissez un coffre d'objets anciens. Les vieux bijoux, les chapeaux et les gants font des déguisements parfaits.

Chloé, âgée de dix-sept ans, dit: "Je me souviens quand j'allais rendre visite à ma grand-mère; sa maison se transformait en cuisine géante, en fort de couvertures, en salle de jeu, en restaurant... elle me laissait regarder tout ce sur quoi je pouvais mettre la main." Quand ma fille, Amanda, était petite et qu'elle rendait visite à sa grand-mère, elle adorait se cacher dans le garde-robe de la chambre du haut, que grand-maman Dorothy réservait à ses petits-enfants. Chez son autre grand-mère, elle aimait enfiler les vieux vêtements et les chaussures que sa grand-mère gardait dans un panier spécialement pour elle. Quand elle s'était habillée, elle se coiffait d'un chapeau, mettait des souliers à talons hauts et faisait une parade. Quand Stéphanie avait douze ans, sa grand-mère la laissait fouiller dans des piles de retailles de tissu, ce qui a stimulé son intérêt pour la couture, et toutes les deux elles ont fait une courtepointe.

Créez un coin pour les petits-enfants dans votre maison. Ayez toujours à portée de la main des crayons, des livres à colorier, du papier, de la colle, des autocollants et du ruban gommé. Les enfants aiment dessiner et peindre. Demandez-leur chaque année de vous dessiner. Inscrivez la date, encadrez les dessins ou placez-les dans un album; dans dix ans, vous aurez une histoire de vous-mêmes en portraits!

Écrivez-leur des lettres d'amour

É crire des lettres est une merveilleuse façon de montrer à vos petits-enfants une image intérieure de vous-mêmes, d'eux-mêmes et de leur famille. Les appels téléphoniques sont pratiques pour suivre de près les activités de vos petits-enfants et connaître les derniers potins, mais le téléphone ne favorise pas la divulgation de secrets, d'histoires de famille, de problèmes de coeur. Pour cela, rien de tel que les lettres d'amour.

Les lettres devraient toujours être écrites sur du beau papier. Pour les jeunes enfants, vous pouvez choisir un papier de couleur vive avec des cerfs-volants et des ballons. Quand ils sont grands, optez pour du papier attrayant dans des couleurs qu'ils aiment. Essayez chaque année de trouver quelque chose qui sorte de l'ordinaire: du papier parchemin, ou du papier toilé. N'oubliez pas d'acheter des enveloppes assorties, des autocollants et de la cire à cacheter. Si vous avez un penchant artistique, écrivez avec une plume à calligraphier. Si vous utilisez un ordinateur, imprimez dans une fonte de type cursive. Vous pouvez changer la couleur de l'encre et le style chaque année. Signez toujours vos lettres à la main. Dans cinquante ans, vos petits-enfants seront heureux d'avoir un échantillon de votre écriture.

Écrivez vos lettres d'amour vers la même date chaque année, par exemple celle de leur anniversaire ou du vôtre. Créez une atmosphère qui donne le ton à votre lettre. Allumez des chandelles et mettez de la musique agréable; éliminez les distractions. Votre lettre est un reflet de ce que vous ressentez le jour où vous l'écrivez.

Si vous n'avez pas l'habitude de coucher vos sentiments sur papier, faites des brouillons pour trouver les mots qui correspondent à ce que vous désirez exprimer. Les lettres d'amour peuvent dissiper les malentendus et mettre un terme à certaines affaires non réglées – du moment que vous les écrivez sans faire de reproches et sans vous sentir coupable. Si vous avez des doutes sur ce que vous avez écrit, lisez votre lettre à haute voix à une amie pour avoir son opinion.

Les lettres sont une façon extraordinaire de documenter l'histoire de la famille. Généralement, les enfants savent peu de choses sur votre vie telle qu'elle était avant qu'ils en fassent partie. Évoquez des souvenirs du passé. Vos frères, vos soeurs et vos parents sont les grands-oncles, grands-tantes et arrière-grands-parents de vos petits-enfants; ces derniers devraient connaître leurs noms et leur lieu d'origine. Glissez de vieilles photographies en indiquant les noms et les lieux au verso. Souvent, quand des parents âgés décèdent, d'inestimables trésors d'histoire familiale disparaissent avec eux, parce que leurs boîtes de vieilles lettres et de photographies ne signifient rien pour leurs descendants. Faites à vos petits-enfants le don d'un patrimoine documenté.

Quand vous écrivez vos lettres, ne vous attendez pas à recevoir une réponse. Cela demande du courage d'être ainsi vulnérable, mais les liens du coeur qui en découlent sont votre récompense. Si vos petits-enfants vous écrivent, ne manquez jamais de les en remercier chaleureusement. Avant d'envoyer la lettre, copiez l'original sur du papier semblable. Placez-la entre deux feuilles de plastique dans un relieur à anneaux avec les lettres qu'ils vous écrivent. Vos petits-enfants ne conserveront sans doute pas les lettres (ils n'ont pas encore atteint le stade sentimental); vous pourrez leur offrir une collection complète quand ils seront grands. Quel cadeau extraordinaire!

Respectez leurs confidences

*L*es petits-enfants aiment bien généralement qu'on les vante, mais ils détestent que l'on parle d'eux à la troisième personne, comme s'ils n'étaient pas dans la pièce. Il y a toute une différence entre dire: "Nous sommes très fiers de toi", et dire "Tu ne croiras jamais ce que Julot a fait". Les enfants n'aiment pas non plus qu'on parle dans leur dos de leurs sentiments et de leurs pensées intimes. Cela leur donne l'impression d'être sans valeur, comme si tout le monde se liguait contre eux. "Quand grand-maman parle de moi à ma mère pendant que je suis là, j'ai envie de sortir de la pièce", m'a dit Susie. "À la façon dont elle parle de moi, j'ai l'impression d'être son petit chien savant, et je n'aime pas ça."

Si vous voulez parler de quelque chose qui est arrivé, demandez d'abord la permission de l'enfant. Vous pouvez dire quelque chose comme: "Julot, est-ce que je peux dire à ta maman ce que tu as dit à propos des chatons, ou bien préfères-tu que ce soit notre secret?" Cela laisse le choix à l'enfant, et il se sent respecté. En laissant à l'enfant la possibilité d'exprimer son opinion et de faire des choix sur des sujets qui le concernent, vous l'aidez à développer son estime de soi et vous lui apprenez à être responsable de ses comportements.

Si vous voulez que vos petits-enfants parlent d'eux-mêmes librement, vous devez respecter leurs confidences. Ce n'est pas toujours facile: après tout il est tentant de dire à tout le monde à quel point vos petits-enfants sont intelligents! C'est naturel; mais avant de dévoiler les expériences personnelles de vos petits-enfants, assurez-vous que cela ne les dérange pas. Cela les embarrasse que vous répétiez la moindre petite chose qui se passe. Ce qui est plus grave, c'est qu'ils croiront ne pas pouvoir vous faire confiance. Si votre petit-fils a dit quelque chose de brillant et qu'il vous est impossible de garder cela pour vous, au moins ne le répétez pas devant lui. Ce pourrait être drôle de noter ce qu'il dit dans un journal et de le garder secret jusqu'à ce qu'il soit grand. Puis un jour, vous sortirez le journal et vous ressasserez de vieux souvenirs avec lui. Vous aurez ainsi l'occasion de revivre ensemble certains moments et d'en rire.

Les petits-enfants ont besoin de leurs grands-parents à divers titres, y compris comme confidents. Il pourra leur arriver un jour de se sentir troublés et d'avoir besoin d'une oreille sympathique ou de bons conseils. Linda, par exemple, a une relation plus intime avec sa grand-mère qu'avec sa mère. Depuis son plus jeune âge, elle a toujours discuté de tout avec elle. "Nous sommes sur la même longueur d'onde", dit-elle. "Ma mère est très conservatrice, mais ma grand-mère a l'esprit libre, tout comme moi."

Si vos petits-enfants savent qu'ils peuvent vous faire confiance, ils seront plus enclins à se tourner vers vous quand ils seront dans le besoin.

Comblez le fossé des générations

*C*hloé a douze petits-enfants. Elle était présente quand sa plus jeune petite-fille est née. "Être avec ma fille pendant qu'elle avait ses contractions a été en soi une expérience extraordinaire. Quoique j'aurais bien voulu la protéger contre la souffrance, je savais que je ne devais pas laisser mes sentiments maternels jeter de l'ombre sur le moment. Il fallait que je sois une femme qui aide une autre femme à donner naissance." En ayant avec sa fille une relation de femme à femme, plutôt que de mère à fille, Chloé a comblé le fossé des générations. En même temps qu'une nouvelle petite-fille, une dimension plus profonde est née dans leur relation.

Un fossé se creuse entre les générations quand vous confinez vos relations aux rôles que vous avez assumés. Si votre fils ne vous considère que comme sa mère, par exemple, sans vous voir comme une personne, le fossé se creusera sans cesse entre vous, à mesure qu'il aura moins besoin de vous comme mère. Si vous traitez toujours votre fille en petite fille, vous la maternerez encore quand elle aura soixante ans et que vous en aurez quatre-vingts. Quand vous comblez le fossé des générations, vous envisagez l'autre dans son intégrité plutôt que dans la dimension de son rôle. En reconnaissant vos similitudes, en respectant vos différences, en comprenant les problèmes que vous avez en commun, vous pourrez avoir du bonheur les uns avec les autres et vous rapprocher tandis que vous évoluez avec le temps.

Chloé a quatre enfants adultes: trois filles et un garçon. Elle décrit leurs relations de la façon suivante: "Le fait que je suis leur mère n'est qu'un aspect de notre relation, maintenant qu'ils sont devenus adultes. Mon instinct de lionne protectrice refait surface de temps en temps, et je m'inquiète pour eux, même s'ils sont grands. Mais je ne leur dis pas quoi faire, et je n'essaie pas de leur donner des conseils qu'ils n'ont pas sollicités, parce que je n'ai aucune idée de la façon dont ils doivent vivre leur vie. Mes filles et moi sommes des femmes égales. Je suis toujours leur mère, et elles me maternent parfois quand j'en ai besoin. Nous sommes capables de faire preuve de souplesse dans nos relations. Ce sont des femmes adultes, et nous avons des échanges d'adultes. Nous parlons de sujets de femmes: des enfants, des factures, de la sexualité, des maris, des frustrations, des émotions, des espoirs et des rêves. Marie m'a dit que de plus en plus elle croit m'entendre quand elle parle à ses filles. Mon fils et mes filles font avec leurs enfants pas mal de choses que je faisais avec eux: des bonnes et des mauvaises! Ils m'ont vu grandir aussi. J'étais très jeune quand je les ai eus, et après que leur père et moi avons divorcé, j'ai vécu ma période "d'adolescence" comme eux, et nos rôles furent inversés pendant un certain temps. Nous sommes là les uns pour les autres; nous sommes de bons amis."

Les rôles sont comme des chapeaux: on les porte à des moments différents, selon les occasions. Mais en cessant d'être uniquement des parents, vous renouvelez votre image et vous leur faites voir les nombreuses facettes de votre personnalité.

Aimez chaque enfant

*J*e ne traite pas mes petits-enfants en bloc, dit Marie. *Je les vois individuellement: j'ai ce petit-fils, et cette petite-fille, et celui-ci, et celle-là. Ce sont des personnes distinctes, pas un groupe.*

Que vous ayez deux petits-enfants ou dix, chacun est un être unique doté de ses talents à lui, de son âme à lui, de son destin à lui. Il est bien plus intéressant de les connaître personnellement que de les traiter comme un groupe. Si vous les aimez individuellement, vos relations avec chacun s'intensifieront et vous procureront des joies sans nombre. C'est en passant du temps avec chacun de vos petits-enfants séparément que vous pourrez reconnaître les différences dans leurs tempéraments, leurs dispositions et leurs personnalités.

Pour mieux connaître vos petits-enfants, évitez de faire des comparaisons. Jean a peut-être marché à onze mois, mais cela ne veut pas dire que Jacques va faire de même. Et ce n'est pas parce que la petite Suzie âgée de quatre ans sait lire, que son cousin du même âge devrait le faire aussi. Les enfants se développent à leur propre rythme et finissent toujours par apprendre ce qu'ils ont besoin de savoir.

Assurez-vous d'accorder de l'attention à tous vos petits-enfants, sans oublier que donner de l'attention de manière égale ne signifie pas les traiter tous de la même façon. Ils sont différents, et c'est pourquoi vous devez les traiter différemment. Il s'agit en fait de ne pas en froisser un en préférant l'autre. Il est tragique d'entendre un enfant dire que sa grand-mère préfère son frère ou sa soeur, même si ce n'est pas vrai. Il faut faire savoir à chacun que vous l'aimez et que vous le considérez unique.

Marie m'a dit que la première fois qu'elle est allée rendre visite à la famille après la naissance de son cinquième petit-fils, elle a fait très attention de ne pas regarder le bébé tout de suite. Elle a salué et embrassé les autres enfants d'abord, parce qu'elle ne voulait pas qu'ils se sentent moins importants. "Je me suis concentrée sur les plus vieux, jusqu'à ce qu'ils décident de me montrer leur nouveau bébé. Quand ils ont dit: "Viens voir notre bébé, grand-maman", j'ai su qu'ils étaient prêts. Je ne voulais pas qu'ils aient l'impression que je les écartais pour voir mon nouveau petit-fils."

Chaque nouveau petit-fils ou petite-fille augmente votre capacité d'aimer. Votre cercle d'amour s'agrandit. Les nouveau-nés sont précieux, mais les enfants de deux ans le sont aussi. Les plus vieux enrichissent votre vie de bien des façons. Les enfants de huit à dix ans sont de merveilleux compagnons d'après-midi, et les adolescents font des observations brillantes. Cela donne un si joli bouquet: vive la différence!

Mettez l'accent sur le positif

J'ai demandé à quelques enfants âgés entre huit et dix-huit ans ce qui leur plaisait chez leurs grands-parents. Voici quelques-unes des réponses que j'ai obtenues:

"Les grands-parents voient tout ce qui est bien en moi, et j'aime ça. Mes parents voient ce que je fais de mal. Mais comme mes grands-parents ne me voient que sous mon meilleur jour, je suis plus gentille quand je suis avec eux. Je crois qu'ils savent mettre l'accent sur mes bons côtés."

"Je sais qu'ils pensent toujours à moi, même si nous ne nous voyons pas souvent. Ils m'envoient des lettres et des présents par la poste. Ça me fait du bien de savoir que mes grands-parents pensent à moi."

"On dirait que nos grands-parents pensent à nous plus que nos parents."

"Quand ma grand-maman m'achète des choses, elle est heureuse. Pas ma maman. Je laisse ma mère m'acheter des choses, mais c'est plus amusant quand c'est ma grand-mère qui le fait."

"J'aime aller chez ma grand-maman Marie, parce qu'elle est moins ordonnée que ma grand-maman Anne. Grand-maman Anne soupire toujours et dit "Oh! Mon Dieu!", mais grand-maman Marie ça ne la dérange pas quand je fais des dégâts. Elle dit que ce qui est bien avec les dégâts, c'est qu'on peut toujours les nettoyer."

"C'était mon grand-père que je préférais. Il est mort maintenant, mais quand j'étais avec lui ses amis venaient et ils disaient toujours: "Ton grand-père nous a dit comme tu es une bonne fille", et ça me faisait tellement plaisir que mon grand-père me vante tout le temps. Comme je n'avais pas de père, mon grand-père était toujours là pour me protéger. J'étais la petite fille de mon grand-père. Il était fier de tout ce que faisais. S'il était encore en vie, il serait le premier à apprendre que j'ai été acceptée au collège. Je lui dirais toutes ces choses. Il me manque."

"Les grands-parents gâtent leurs petits-enfants, mais ce n'est pas mal: c'est une sorte d'amour."

"Quand je vais les voir, ils sont toujours gentils, ils ne crient pas, ils ne se fâchent pas. Ils me donnent de l'argent, des bonbons. Je les aime beaucoup. Ils me manquent, et je leur manque."

"J'ai un grand-père qui aime beaucoup sortir, et j'en ai un autre qui préfère rester à la maison, mais ils m'aiment tous les deux."

"Ma mère n'aime pas ma grand-mère, mais moi je l'aime."

"Je les aime, c'est tout."

Ces réponses montrent que les enfants comprennent ce qui se passe dans les coulisses. Ils savent ce qui est important et ce que vous faites pour eux. Vous rassurez vos petits-enfants quand vous mettez l'accent sur leurs aspects positifs. Si vous ne ménagez pas l'amour et la tendresse, même quand vous serez séparés ils penseront à vous avec chaleur et diront du bien de vous.

Racontez votre vie par étapes

Quand le petit-fils de quatre ans de Francine, une veuve, lui a demandé pourquoi elle ne s'était pas mariée, elle a compris qu'il était temps de raconter son histoire au plus vite.

Il est important de raconter votre histoire. Cela donne à vos petits-enfants le sens de la tradition et de l'appartenance, et cela leur confère un passé qui vous unit. Vous pouvez leur raconter des anecdotes sur vous-mêmes n'importe quand: pendant que vous faites la queue, que vous faites une promenade en voiture, que vous marchez dans le parc, ou que vous êtes réunis pour le repas de Pâques. Le fait de transmettre votre histoire enrichit leur vie et leur permet de connaître mieux l'extraordinaire personne que vous êtes et la vie intéressante que vous avez vécue. Cela fascine les enfants d'apprendre que vous n'aviez pas de télé, pas de jeux vidéos et pas de centres d'achats quand vous étiez enfant; et cela les ravit d'entendre que vous avez joué avec des poupées, construit des forts, fait partie d'une équipe de base-ball, ou que vous avez aidé votre mère à élever les enfants plus jeunes, tout comme eux.

En racontant l'histoire de votre vie au moment opportun, vous pouvez enseigner et guider, réconforter et soulager, guérir et stimuler. Vous avez un demi-siècle d'histoires à raconter, alors vous devez procéder par étapes. Le mieux est de raconter des histoires auxquelles ils peuvent s'identifier selon leur âge. L'enfant de six ans n'est pas intéressé par la façon dont vous avez fait la connaissance de son grand-père, mais il vous écoutera sans broncher si vous lui parlez de votre première bicyclette ou si vous lui dites qu'à l'époque il en coûtait cinq sous pour aller au cinéma. Vous pourrez raconter l'histoire de vos fréquentations quand ils seront adolescents.

En racontant des histoires, vous devenez un modèle simplement parce que vous révélez les gaffes que vous avez faites et l'ingénuité dont vous avez fait preuve pour solutionner certains problèmes particuliers. "On peut apprendre des tas de choses quand on a la chance de se mettre dans le pétrin assez jeunes, comme le jour où j'ai emprunté la camionnette de mon père sans lui demander..." C'est ainsi que grand-père Joseph a commencé à raconter qu'il avait un jour emprunté la camionnette pour aller en ville, qu'il s'était perdu, et qu'il avait déjà parcouru deux cent cinquante kilomètres quand il s'en est rendu compte.

Parlez-leur de votre enfance et des personnes qui ont compté pour vous. Que savez-vous de vos grands-parents? Décrivez en détail les personnages que vous évoquez. Comment était votre grand-mère? "Elle avait des cheveux blancs, qu'elle ne coupait jamais, et elle les enroulait en deux toques sur les côtés. Elle portait toujours un tablier bleu et blanc et elle sentait le sucre d'orge."

Racontez une erreur que vous avez faite, ou une mauvaise décision que vous avez prise. Vous n'avez pas besoin d'ajouter des conclusions morales, parce que vous aurez l'air de prêcher, et ils n'écouteront plus. Les enfants comprennent très vite. Parlez d'un mensonge que vous avez raconté, d'un poisson que vous avez attrapé, du concert des Beatles auquel vous avez assisté. Apprenez à bien raconter, et vous éviterez de devenir une personne gâteuse qui répète toujours la même chose.

Partagez vos albums de photos

Quand Margot, qui est jumelle et grand-mère de jumelles, était petite, elle adorait aller chez ses grands-parents et fouiller dans les boîtes de vieilles photos. Elle était fascinée par les photographies de parents proches ou éloignés, et elle insistait pour que ses grands-parents lui donnent des détails sur leurs vies. Elle a fini par en apprendre plus sur sa famille que son père et sa mère. L'oncle William, du côté de son arrière-grand-père, était polygame, et on lui connaissait au moins deux femmes. Un cousin issu de germains a été ordonné pasteur en suivant un cours par correspondance aux États-Unis; il a parcouru le pays et célébré des mariages et des funérailles. Un jour il s'est établi dans une petite ville et a fondé un cimetière pour chiens. Quand elle était étudiante au collège, Margot a fait une recherche sur sa vie et écrit sur lui un article à la pige qui lui a permis de gagner quelques centaines de dollars. Elle est convaincue que le fait de feuilleter les vieux albums de photos et d'inciter ses grands-parents à lui dévoiler les squelettes de la famille a stimulé son intérêt pour la photographie et les potins. C'est ce qui a lancé sa carrière de reporter photographe.

C'est divertissant pour les enfants de tous âges de voir d'où ils viennent. Chaque famille a des secrets – quelques cadavres dans le placard – qui valent d'être transmis. Rappelez-vous que les secrets honteux qu'on cherche à cacher finissent par se transformer en mensonges, et alors plus personne ne connaît la vérité. Qu'est-ce que ça peut faire que la tante Adèle fumait la pipe, ou que le cousin Claude ne travaillait jamais? Quand vous révélez à vos petits-enfants les excentricités de leurs aïeuls, vous leur permettez de se former une identité. Montrez à vos petits-enfants des photos de bébé de leurs parents; cela les aide à voir leurs parents sous un tout autre jour.

Les enfants peuvent également découvrir leur patrimoine dans les plats favoris de la famille. Il semble que chaque famille a un mets qu'elle aime manger dans des occasions spéciales. "Personne ne fait la sauce à spaghetti aux palourdes comme ma grand-mère", dit Tony. "Nous mangeons toujours des côtes levées et des pommes de terre au four à Noël, parce que personne chez nous n'aime la dinde", dit Marc.

Commencez dès leur plus jeune âge à apprendre à vos petits-enfants à préparer certains de vos mets préférés, comme les muffins aux bananes et le chocolat chaud avec de la crème fouettée. Placez vos recettes favorites dans un album, avec des histoires ou des souvenirs, et offrez-leur en cadeau. Quand Angèle s'est mariée, son arrière-grand-mère lui a donné le vieux livre de recettes de famille, tout taché et annoté de l'écriture de sa grand-mère.

Bien des gens regrettent de ne pas avoir questionné leurs grands-parents sur leurs ancêtres. Même si vos petits-enfants ne semblent pas particulièrement intéressés pour le moment, un jour ils chériront leur héritage.

Acceptez le divorce en ouvrant votre coeur

*A*nabelle et Charles sont mariés depuis cinquante-cinq ans. Ils ont deux fils, une fille, et sept petits-enfants. Ils ont également trois belles-filles, deux gendres, et six petits-enfants par alliance. Ce n'est pas ainsi qu'ils s'étaient imaginé leur famille, et leurs liens familiaux sont beaucoup plus complexes qu'ils avaient prévu.

Un mariage sur deux se termine par un divorce. Le divorce n'affecte pas que le couple et les enfants concernés, il affecte également les grands-parents. Aussi triste et difficile à vivre qu'il soit, il pourrait se produire dans votre famille, si ce n'est déjà fait. Pour y faire face plus efficacement, vous devrez peut-être apprendre à surmonter votre propre malaise et à ouvrir plus grand votre coeur. Dans l'intérêt de vos petits-enfants, vous devrez sans doute faire de la place dans votre famille à d'autres petits-enfants, à d'autres parents par alliance. Vous devrez peut-être trouver votre chemin dans la montagne de colère, de souffrance, d'incompréhension, de confusion, d'insécurité et de jalousie qui accompagne le divorce. Il est possible que vous désapprouviez ce qui se passe – et personne ne peut vous obliger à vous en réjouir – mais vous devez donner le ton et être une source de réconfort au milieu du chaos pour le bien de vos petits-enfants. Vous pouvez servir de stabilisateur, de filet de sécurité.

Hélène et Claude m'ont dit: "Nous aimions notre belle-fille, et nous avons eu le coeur brisé quand notre fils nous a appris qu'ils divorçaient. Nous avons mis un an à nous habituer au fait qu'ils vivaient séparément. Et soudain, chacun s'est remarié, et nous avons hérité de nouveaux petits-enfants. Nous avons dû faire des efforts, mais nous avons maintenu de bonnes relations avec tous les adultes et nous pouvons voir nos petits-enfants aussi souvent que nous le voulons."

Si vous êtes un jour placés dans une situation similaire, le mieux à faire est de rester neutres, d'écouter, de garder vos opinions pour vous-mêmes et d'ouvrir grand votre coeur. Vous avez assez d'amour pour tout le monde. Vos petits-enfants demeurent vos petits-enfants, même s'ils ne vivent pas à temps plein avec votre fils ou votre fille. Ce sont des victimes innocentes dans la rupture, et il ne sert à rien d'aggraver leur peine en divorçant d'avec eux. Assurez la continuité de la famille en disant aux enfants que vous serez toujours leurs grands-parents, et mettez vos paroles en pratique. Tenez vos promesses: appelez, écrivez, invitez-les, allez les voir, même si cela signifie de louer une chambre d'hôtel à quelques pas de la maison de votre belle-fille. Ne prenez pas parti, ne parlez pas en mal de leurs parents; n'essayez pas de leur soutirer des informations. Soyez disponibles et constants dans votre affection. Vos petits-enfants vous prendront au mot et surveilleront vos actions.

L'élargissement du cercle de famille pour Hélène et Claude a augmenté l'importance des événements familiaux. Maintenant, quand ceux-ci reçoivent, la fête commence à midi et se poursuit jusque tard dans la soirée. Hélène décide qui vient à quelle heure, de façon que les personnes qui préfèrent ne pas se voir ne soient pas obligées de se rencontrer. "C'est plus de travail", dit Hélène: "Nous voulons voir tous les enfants, alors je fais ce que je peux pour que ce soit le plus agréable possible pour chacun. Nous n'avions pas prévu que notre famille deviendrait une telle conglomération, mais nous avons découvert que nous avions assez d'amour pour tout le monde."

Aimez votre belle-fille ou votre gendre

*I*l est naturel d'entretenir une relation intime avec vos propres enfants, mais établir des relations avec leurs conjoints peut sembler étrange au début. Vous souhaitez vous entendre avec votre gendre ou votre belle-fille, et pour le faire vous devez faire des efforts et lui laisser le bénéfice du doute. Béatrice dit de sa belle-fille: "Je l'aimais, parce que mon fils l'aimait. Si mon fils est heureux, je puis être heureuse. Mais nous avons dû nous apprivoiser."

Ils ont des habitudes et des opinions différentes, alors vous devez essayer de reconnaître ce qu'ils apportent à votre famille. Il n'est pas nécessaire que vous pensiez ou agissiez de la même façon pour vous aimer. Quelles qualités reconnaissez-vous chez votre gendre ou votre belle-fille? Comment ont-ils enrichi votre vie et celle de votre enfant adulte?

Si vous voulez avoir une relation agréable et détendue, vous devez maintenir les voies de communication ouvertes. Vous devez donc respecter leur façon de faire les choses. Vous et votre gendre ou votre belle-fille avez plusieurs points en commun: après tout, vous aimez les mêmes personnes! Et bien sûr vous avez des divergences, mais celles-ci ne devraient pas vous éloigner. Si votre belle-fille sent que vous appréciez sa façon de voir les choses et que vous êtes disposés à l'écouter, elle sera capable de vous écouter à son tour.

Christine raconte: "Après la naissance de mon petit-fils, j'appelais pour prendre de ses nouvelles, et quand c'était mon gendre qui répondait je demandais à parler à ma fille. Un jour elle était sortie, et comme j'étais désireuse de connaître l'évolution du bébé j'ai parlé à mon gendre. Il m'a donné tous les détails. À partir de ce moment-là, je me suis fait un devoir de parler avec lui non seulement du bébé, mais également de sa vie. Notre amitié a vraiment grandi."

Intégrez votre belle-fille ou votre gendre à vos conversations. Demandez à la femme de votre fils comment a été sa journée ou comment ça se passe au travail. Écoutez-la avant de répondre ou de revenir trop rapidement sur le sujet de vos petits-enfants. Il n'est pas nécessaire que ces derniers soient toujours l'objet de vos conversations. Invitez votre belle-fille à sortir et payez la gardienne. Prenez le lunch avec votre gendre et dites-lui à quel point vous êtes heureux de ce qu'il fait pour sa famille.

Les parents futés essaient de faire rapidement connaissance avec les conjoints de leurs enfants, et plutôt que d'insister pour que les choses se passent à leur façon, ils font tout leur possible pour envisager les différences positivement: en les acceptant, plutôt qu'en leur opposant de la résistance. N'oubliez pas que vous êtes un modèle pour tout le monde. La famille qui valorise également tous ses membres est un environnement sain pour les enfants.

Laissez la discipline aux parents

Un des avantages bien mérités du rôle de grands-parents, c'est que vous n'avez pas à établir ou à faire respecter des règlements. Vous avez sûrement appris à utiliser votre autorité sans être autoritaires. Vous pouvez utiliser l'approche subtile, ou la technique de la distraction.

Je ne conseille pas aux grands-parents de réprimander les petits-enfants devant les parents. Rangez les choses que vous ne voulez pas voir entre les mains des bambins, et si les parents sont présents dites-leur ce qui vous dérange et demandez-leur de régler le problème. S'ils acceptent que vous interveniez, manoeuvrez tout de même avec prudence. C'est une situation délicate; il est important d'user de tact et de diplomatie.

Le petit Nicholas, âgé de trois ans, ne cessait de bouger tandis qu'il était en voiture avec la famille. Son grand-père lui a ordonné sèchement de s'asseoir. Nicholas a obéi, les larmes aux yeux. Amélie, la belle-fille, a dit a son mari assez fort pour que tout le monde entende: "Il ne faisait rien de mal." Une querelle s'est ensuivie.

Les grands-parents doivent être subtils. Les réprimandes font place à l'astuce. Quand Denis frappe son frère et que personne ne s'interpose, vous pouvez intervenir sans punir. La distraction et l'humour replacent généralement les choses plus rapidement que toute autre technique. Plutôt que de menacer l'enfant ou de l'envoyer dans sa chambre, vous pouvez dire quelque chose comme: "Je n'aime pas les bagarres; viens on va jouer à quelque chose"; vous allez ainsi attirer son attention et celle de tout le monde. Quand Annie fait une crise, parce qu'elle veut plus de crème glacée, vous pouvez lui sourire gentiment et lui dire: "Je suis comme toi. Je n'ai jamais assez de crème glacée. Mais ce n'est pas bon de trop en manger."

Sans faire de la discipline en tant que tel, vous pouvez fixer des limites en faisant savoir à tout le monde quel type de comportement est acceptable pour vous: "Tu peux manger dans la salle de jeu, mais pas dans le salon." "Tu peux jouer dans le grenier, mais tu ne touches pas à ces boîtes-là." Si vous n'êtes pas d'accord avec la façon dont les parents traitent une situation particulière et qu'ils vous demandent votre avis, donnez-leur en privé, mais ne vous chargez pas vous-mêmes de la discipline de vos petits-enfants.

Les parents ont la responsabilité d'apprendre aux enfants les aptitudes de la vie quotidienne; vous avez la responsabilité d'être patients, tendres et compréhensifs. Le temps est venu pour vous de faire preuve de souplesse et de compassion. Certaines contrariétés peuvent être évitées.

Collaborez

L'éducation des enfants est une entreprise commune à deux généra-tions: celle des grands-parents (la vôtre) et celle des parents. Apprendre à travailler ensemble pour trouver les façons les plus fructueuses de faire les choses dans le meilleur intérêt de la génération naissante est plus productif que de se débattre chacun de son côté. Chaque génération a quelque chose de valable à offrir.

Voici un exemple. Vous vous souvenez de l'histoire du déjeuner de Noël de Suzanne Priscilla? Elle se poursuit. Le repas était sur la table et les onze membres de la famille étaient debout à leurs places, prêts à s'asseoir. Suzanne a demandé à tout le monde de se tenir les mains et de fermer les yeux, tandis que Julie récitait le bénédicité. Juste avant que la prière com-mence, le petit Jordan âgé de six ans s'est mis à rire. Suzanne a ouvert les yeux et a jeté "un regard" à Jordan, qui a immédiatement baissé la tête et s'est tu. Mais le fils et la fille de Suzanne ont éclaté de rire.

"Qu'est-ce qu'il y a?", demanda Suzanne. "Ce regard", dit son fils. "Nous l'avons reconnu", intervint sa fille. "Tu nous jetais ce regard quand nous étions enfants, et ça marche encore."

Les vieilles tactiques sont éprouvées, et la génération des parents a encore des tas de choses à apprendre de vous. L'allée devant la maison était couverte de cônes de pin. "Si tu les ramasses, Jordan, je vais te donner un sou pour chacun", dit Suzanne. Jordan fit le travail consciencieusement, et grand-maman dut payer. Trois cents cônes de pin valaient trois dollars. "Je trouvais que c'était beaucoup d'argent pour un enfant de six ans, mais je devais tenir parole." Quand Jordan revint lui rendre visite, il y avait encore des cônes de pin dans l'allée, et naturellement il voulait être payé pour les ramasser. Suzanne ne savait trop quoi faire. Après tout, ce n'était que juste.

Son fils s'interposa et dit à Jordan: "Non, cette fois grand-maman ne va pas te payer. Aujourd'hui tu vas le faire pour lui rendre service. Parfois on fait des choses pour de l'argent, et parfois on fait des choses pour être utile."

"J'ai compris le sens de son intervention", dit Suzanne plus tard, "alors j'ai laissé Jordan m'aider et je l'ai remercié."

C'est amusant et stimulant d'être membre d'une famille qui respecte la façon dont on fait les choses. Les meilleures familles sont celles où chacun se sent compétent et valorisé. Quel que soit le problème auquel vous devez faire face, vous trouverez les solutions les plus créatrices quand vous demanderez l'opinion des autres. Si l'un des membres de la famille ne connaît pas la réponse, vous pourrez la trouver ensemble. Élever un enfant est un travail de collaboration. Souvenez-vous que la moindre expression du visage, le moindre petit geste, la moindre action comporte un message pour toutes les générations qui vous entourent.

Donnez-leur des souvenirs

Nous, les baby-boomers devenus grands-parents, dépensons beaucoup d'argent pour nos petits-enfants. Que vous leur achetiez leur premier ourson de peluche, ou que vous payez leurs frais de scolarité, n'oubliez pas que ce ne sont pas les cadeaux qui gâtent les enfants, mais le fait d'essayer d'acheter leur amour au moyen de choses matérielles. Du moment que vous n'êtes pas avares de votre amour, vous pouvez leur donnez autant de cadeaux que vous pouvez vous le permettre. Puisque nous savons parfaitement que nous ne pouvons pas emporter nos biens avec nous, aussi bien voir ceux que nous aimons récolter les bénéfices dès maintenant.

Pour Jeanne, les cadeaux sont un moyen de demeurer tout près quand les petits-enfants sont loin. Il y a du plaisir à décider ce qu'on veut donner; le temps qu'on passe à regarder les merveilleux jouets, les livres et les vêtements est un des aspects des liens qui nous unissent aux personnes que nous aimons. On fait quelque chose en pensant à elles. Il n'est pas indispensable que le cadeau soit neuf ou coûteux; ce peut être une chose que l'on fait soi-même ou un objet qui était enfoui au fond d'un tiroir.

Quand j'étais étudiante, ma grand-mère, qui était très pauvre, m'envoyait des boîtes contenant mes biscuits préférés. Cela me réconfortait d'ouvrir la boîte quand je m'ennuyais de ma famille, et cela me faisait du bien de savoir qu'elle pensait à moi. Elle me disait qu'elle priait pour moi, et j'étais convaincue que ses prières me protégeaient contre tout. Je n'avais pas le courage de lui dire que les biscuits étaient tout en miettes quand ils me parvenaient, mais cela n'avait aucune importance; c'étaient les pensées et les prières qui comptaient.

Les souvenirs de famille sont très importants. Marguerite et Jean ont transmis à leurs jeunes petits-enfants les livres de contes qu'ils avaient eux-mêmes lus à leurs enfants quand ils étaient petits. Quand les petits-enfants ont grandi et commencé à s'intéresser aux livres d'adultes, ils leur ont également transmis ceux-là. Les petits-enfants, qui sont maintenant des adultes, se souviennent précisément de ces cadeaux; ils étaient plus importants pour eux que n'importe quel objet neuf. Les enfants aiment les jouets dernier cri, mais ils sont capables d'apprécier le sentiment d'appartenance que confère le patrimoine familial. Mon frère a hérité d'une collection de crayons, et quand il les regarde il se souvient de la petite maison dans laquelle il a passé son enfance. Abraham a donné à son arrière-petite-fille de cinq ans une lampe de poche qui était dans son coffre d'outils: elle a dormi avec sa lampe de poche pendant six mois. Martin a donné à son petit-fils la montre de poche de son père, et celui-ci la donnera un jour à son fils.

Vers l'âge de six ans, les enfants aiment les collections. Aidez-les à commencer une collection, et ajoutez-y des éléments chaque année. À tous les anniversaires, donnez un de vos objets en porcelaine, en argent ou en cristal. Donnez un de vos bijoux ou un outil. Joignez une carte où vous expliquez l'histoire de l'objet.

Une femme très sage m'a dit un jour: "Les petits-enfants savent ce que nous valons; il n'est pas nécessaire d'en faire la preuve, mais on peut tout de même apporter des paquets."

Évitez de vous trouver entre deux feux

*L*es membres de ma famille sont de véritables personnages de téléromans*, me dit une jeune fille de quatorze ans. *La mère de ma mère et mon père ne se parlent pas, alors ma mère refuse d'aller à une réunion dans la famille de mon père l'été prochain. Ma mère va être furieuse si j'y vais avec mon père, et mon père va être furieux si je ne l'accompagne pas.*

Cela peut sembler absurde, mais ce n'est que la pointe de l'iceberg. Quand cette jeune fille est venue me consulter, elle était déprimée, elle ne mangeait pas, elle faisait l'école buissonnière et elle avait des pensées suicidaires. Elle était prise en plein milieu d'une querelle de famille et n'avait personne vers qui se tourner. Sa grand-mère n'avait jamais aimé son père, et l'opposition entre les deux durait depuis seize ans. Ma cliente était une victime innocente dans une famille où l'on se querellait, où l'on s'insultait, où l'on s'accusait, où l'on se faisait des reproches.

Si vous voulez que vos petits-enfants puissent trouver refuge auprès de vous, vous devez éviter de vous laisser entraîner dans des querelles de famille. Pour ce faire, vous devez placer les besoins des enfants au-dessus de tout. Vous devez surmonter vos désirs personnels et faire des choix dans le meilleur intérêt de vos petits-enfants. Demandez-vous: "Si j'étais à la place de cet enfant, comment aimerais-je être traité? Quel est le meilleur choix que je puisse faire pour le bien de ma petite-fille?" Il est possible que la situation ne vous plaise pas, que vous trouviez que votre gendre est stupide, que vous souhaitiez que leurs parents s'en aillent, mais vous devez tout faire dans l'intérêt de vos petits-enfants.

Pour savoir si vous adoptez la bonne attitude, posez-vous les questions suivantes: "Est-ce que je favorise une personne au détriment de l'autre? Est-ce que je considère que l'un ou l'autre est responsable? Est-ce que je parle en mal du père ou de la mère de mes petits-enfants en leur présence? Est-ce que je parle en mal des membres de la belle-famille devant les enfants ou avec leur père ou leur mère?" Si vous répondez oui à l'une de ces questions, vous risquez d'être entraînés dans le conflit.

Le labyrinthe des problèmes de famille est un terrain miné: qui va passer la journée d'anniversaire avec qui; dans quelle confession les enfants vont-ils être élevés; avec les parents de qui va-t-on passer les vacances... C'est un terrain glissant, et il faut savoir tenir sa langue. Vous n'améliorerez pas les relations en disant à votre belle-fille que sa mère n'est qu'une sorcière égoïste, même si vous l'avez entendue le dire elle-même en de nombreuses occasions.

Ne présumez jamais rien. Demandez des éclaircissements quand vous doutez d'avoir bien compris quelque chose. Il est sage de dire: "Je vais y penser, et je vais t'en reparler." Soyez flexibles dans le choix des jours de célébration d'événements importants. Ce n'est pas parce que vous avez déballé vos présents chaque veille de Noël depuis trente-cinq ans que vous ne pouvez pas le faire un autre jour. Souvenez-vous que c'est la chaleur du moment passé ensemble qui compte, pas le fait de répéter la même chose exactement de la même façon chaque année. N'hésitez pas à faire une offre généreuse. N'insistez pas pour que les choses se passent à votre façon. Au sein de la famille, les impasses provoquées par l'intransigeance ne favorisent pas les relations affectueuses.

Servez-vous de vos instincts

*S*i vous ne voulez pas que vos enfants adultes soient obligés de dire: "Je ne peux tout de même pas la chasser, c'est ma mère", n'abusez pas de leur hospitalité en restant un mois quand vous avez été invitée pour une semaine. Et n'essayez pas de prendre les choses en main, à moins qu'on vous le demande. Quand on vous invite à venir en visite, demandez des précisions: "Aimeriez-vous que je prenne une chambre à l'hôtel pendant quelques jours, pour que vous puissiez retrouver votre intimité?"

Même si vos intentions sont louables, résistez à l'envie de prendre les commandes, surtout avec des nouveaux parents. Les nouveaux parents ont besoin de s'exercer; si vous prenez constamment les choses en main ils se sentiront maladroits et n'auront pas envie de vous voir. Gardez-vous de jouer le rôle des "parents responsables" et de dire à vos enfants adultes comment les choses devraient être faites. Assurez-vous qu'ils veulent votre avis avant de leur donner des conseils. Si vous êtes attentifs à ce que les parents de vos petits-enfants attendent de vous, vos relations et vos visites futures seront facilitées. Ils vous donneront des indices sur ce qu'ils aiment et ce qu'ils n'aiment pas. Prêtez-y attention!

Vous devez vous rappeler que vous êtes leurs invités. S'ils demandent votre avis, très bien; mais soyez conscients que c'est le moment par excellence pour eux de démontrer qu'ils ont accepté les rôles et responsabilités de l'âge adulte. Vous pouvez partager avec eux l'amour que vous éprouvez pour les enfants. Après tout, il n'y a absolument personne d'autre avec qui ils peuvent s'attendrir aussi ouvertement sur les réalisations merveilleuses et les charmes extraordinaires de leurs rejetons!

Demeurez en retrait, et offrez votre aide de façon spécifique: "Est-ce que ce serait utile que je fasse les lits?" Servez-vous de votre instinct. Certains parents aiment que vous remarquiez ce qui doit être fait et que vous vous mettiez à la tâche sans rien demander; d'autres préfèrent que vous proposiez votre aide avant d'agir. Dites-leur: "J'aimerais bien faire ce que je peux pour être utile, mais je ne veux pas m'imposer, alors dites-moi ce que vous souhaiteriez que je fasse."

Votre séjour chez eux pourra être merveilleux, vous allégerez leur fardeau tout en respectant leur intimité, si vous suivez les règles du savoir-vivre et de l'étiquette. Ne réorganisez pas leurs armoires de cuisine, à moins qu'ils vous le demandent. Il est préférable de demander à votre fille s'il y a des tâches qu'elle aimerait vous confier, que de vous mettre à nettoyer le four. Il est également préférable de demander aux parents s'ils souhaitent que vous vous leviez pour le bébé, que de traverser le corridor en courant au milieu de la nuit en présumant que vous vous rendez utile.

Souvenez-vous que le rôle de parents est nouveau pour vos enfants adultes et qu'ils veulent être considérés aptes à le remplir. Si vous leur montrez maintenant que vous avez confiance en leur capacité de prendre les bonnes décisions, vous empêcherez que des tensions se développent dans vos relations.

Ne vous formalisez pas pour des riens

Lorsque mon premier livre, intitulé *Les merveilleuses façons d'aimer son enfant*, a été publié, j'ai reçu des centaines de lettres, non seulement de parents qui l'ont trouvé utile, mais de grands-parents qui l'ont trouvé stimulant. Voici un extrait d'une lettre que j'ai reçue:

"Ma fille va accoucher dans deux mois, et je serai grand-mère pour la première fois. Aujourd'hui j'ai vu votre livre dans une librairie, et j'ai commencé à le feuilleter pour voir si je voulais le lui offrir. C'était une lecture très pénible pour moi, et certaines pages m'ont fait pleurer, mais je ne pouvais pas le mettre de côté. Je ne veux pas entrer dans les détails, mais la vérité est que je n'ai pas été une très bonne mère. Si seulement j'avais connu les petites gentillesses et le gros bon sens que vous décrivez, j'aurais peut-être fait les choses différemment. J'essaie de faire amende honorable auprès de ma fille, et j'espère faire beaucoup mieux comme grand-mère. Je prie seulement pour que le ciel me donne une autre chance et qu'il ne soit pas trop tard."

J'ai reçu plusieurs lettres similaires, des États-Unis et du Canada, de la part de parents qui reconnaissaient leurs erreurs et espéraient faire mieux maintenant qu'ils étaient grands-parents. J'ai également reçu des lettres de grands-parents qui n'ont pas de contacts avec leurs enfants adultes et leurs petits-enfants, qui ont accumulé avec les années tant de souffrances et d'incompréhension qu'ils ne se souviennent même pas comment tout a commencé. Une femme m'a écrit: "Je n'ai pas la moindre idée pourquoi mon fils m'en veut encore. Nous ne nous sommes pas parlé depuis six ans, et maintenant il va avoir un bébé. Qu'est-ce que je peux faire?" Je lui ai répondu: "ne vous arrêtez pas aux détails sans importance, demandez pardon, et reconnaissez vos erreurs."

Ces lettres m'ont touchée et encouragée, parce que ces grands-parents, en avouant leurs faiblesses, avaient déjà fait le premier pas vers l'amélioration des relations familiales. Qu'il s'agisse de votre propre enfant ou de vos petits-enfants, du moment que vous êtes disposés à pardonner les peccadilles et à faire ce qu'il faut, il n'est jamais trop tard pour avoir une relation merveilleusement satisfaisante et stimulante. Il n'est jamais trop tard pour construire un pont et le traverser.

Toutes les choses susceptibles de faire obstacle à l'amour dans vos relations avec vos petits-enfants, y compris une querelle avec leurs parents, sont des détails. Vous pouvez les surmonter en reconnaissant d'abord ce que vous avez fait pour contribuer à l'état de choses. Excusez-vous en disant par exemple: "Oui, tu as raison. Je n'écoutais pas." Puis, demandez pardon, admettez vos torts, et soyez aussi aimable que vous pouvez. S'ils ont des plaintes à formuler, écoutez-les sans préjugés. Répondez-leur: "Je vois ce que tu veux dire"; "Aide-moi à comprendre"; ou "Je vais y réfléchir".

Quand vous ne vous formalisez pas pour des peccadilles, vous donnez un bon exemple à tous les membres de la famille, et c'est bon pour vous et vos petits-enfants.

Le courage

Les petits-enfants connaissent votre valeur:
vous n'avez donc pas à en faire la preuve.
Si vous vous sentez impuissants, ne vous en faites pas,
on a besoin de votre impuissance.
Vous êtes comme des arbres majestueux à large feuillage.
Et ceux qui sont engagés dans des activités utiles
ont parfois besoin
de se reposer dans l'ombre que vous projetez.

Laissez-les aller et venir

*J*eanne sait très bien ce que c'est que de laisser à ses enfants et petits-enfants la liberté de vivre leur vie. Mais ce n'est pas toujours facile. Son fils aîné est pilote dans l'armée de l'air; lui et sa femme vivent un peu partout dans le monde, là où le devoir les appelle. Son plus jeune fils travaille et étudie à l'étranger avec sa femme et son bébé. Jeanne m'a écrit le jour où ils sont partis pour l'Allemagne:

"Aujourd'hui est un jour de deuil. J'ai passé l'aspirateur dans la chambre vide pour enterrer le bruit de mes pleurs. Une petite pierre dans un coin, une tasse sous le lit: des restes, comme moi. Il y a deux jouets pour le bain du bébé sur la table du patio, des céréales pour bébé dans l'armoire. Je glisse mes mains dans ses vieilles chaussures. Quand mon petit garçon est-il devenu cet homme distant, si lointain? Hier j'ai trouvé une débarbouillette d'où se dégageait la délicieuse odeur de ma petite-fille. Je l'ai placée sous mon oreiller pour me réconforter. En regardant des vieilles notes de cours, j'ai trouvé un poème que ma belle-fille a écrit. Un poème consacré à l'homme qui vit en haut. Un homme avec un piano: "La complainte d'une mère". Elle est vraiment fascinante. Si difficile à percer, mais qui gagne à être connue. J'aime cette merveilleuse petite famille – pourquoi sont-ils si loin?"

Quand vos enfants grandissent, vous leur dites de boire leur jus, de manger leurs légumes, de mettre un manteau avant de sortir, parce que c'est bon pour leur santé. Il est tout aussi naturel et sain qu'ils quittent le nid. Pour réaliser leur plein potentiel, ils doivent poursuivre leurs rêves, prendre leurs propres décisions, et récolter ce qu'ils sèment. Essayer d'empêcher cela, en leur disant que vous avez besoin d'eux ou que vous voulez qu'ils reviennent à la maison, ne peut qu'avoir des conséquences négatives sur leur développement personnel, de même que sur votre relation.

Ce type de pression impose à vos enfants des exigences déraisonnables et les fait sentir coupables, peu importe à quel point ils vous aiment. Le fait de leur laisser les coudées franches ne signifie pas que vous deviez nier l'importance qu'ils ont pour vous et l'amour que vous éprouvez à leur égard. Il s'agit de leur laisser toute la latitude voulue pour qu'ils grandissent et fassent leur chemin dans le monde. Quand vous êtes avec eux, faites-leur savoir à quel point les moments que vous passez avec eux sont précieux. Montrez-leur à quel point vous aimez les entendre parler de ce qu'ils font, et accordez-leur tout votre appui. Mais dites-leur clairement que vous respectez leur indépendance. Comme le dit Jeanne: "Après la séparation initiale, je me suis apitoyée sur mon sort de "pauvre grand-mère esseulée"; je l'accepte maintenant... je n'ai pas le choix."

Que vos enfants et petits-enfants vivent au coin de la rue ou de l'autre côté du pays, que vous les voyiez une fois par semaine ou une fois par année, ils vivent une vie distincte de la vôtre. C'est dans l'ordre des choses. Vous pouvez pleurer sur l'épaule d'un ami à l'occasion, parce qu'ils vous manquent et que vous aimeriez tellement être témoin de l'évolution de vos petits-enfants. Mais si vous voulez maintenir avec eux une relation mutuellement satisfaisante, vous devez les laisser aller et venir librement.

Cédez à tout ce qui vous fait plaisir

N'est-il pas délicieux de jouer à cache-cache et de prétendre que vous ne voyez pas vos petits amours cachés sous la table de la cuisine? N'est-il pas merveilleux d'entendre leurs cris de ravissement, quand vous faites semblant de ne pas les reconnaître dans leur déguisement d'Halloween? N'avez-vous pas eu du plaisir à acheter à votre petit-fils ce chandail que sa mère aimait, mais ne pouvait se permettre? N'est-ce pas extraordinaire de voir votre petite-fille porter son minuscule tutu rose et donner son premier spectacle de ballet? Et n'avez-vous pas le souffle coupé quand vous entendez votre petit-fils vous demander d'aller jouer à la balle? Jouer avec ses petits-enfants est un des plus extraordinaires plaisirs qui soient.

Un des plus grands bonheurs d'être grands-parents, c'est que vous pouvez vous amuser avec vos petits-enfants, sans que personne ne s'y oppose. Vous pouvez céder à tout ce qui leur fait plaisir, et, ce qui est encore plus important, céder à tout ce qui vous fait plaisir. Vous pouvez les amener au zoo, au cirque, au cinéma ou au centre d'achats. Les amener au parc et les regarder jouer ou jouer avec eux. Vous n'avez pas à suivre les directives de quelqu'un d'autre ou à vous préoccuper de ce que les autres pensent: vous pouvez en toute liberté inventer les règles qui vous conviennent pour jouer votre rôle de grands-parents.

Rien ne vous empêche de les laisser éclabousser l'eau du bain ou dormir sur le sol. Si vous en avez envie, vous pouvez veiller avec eux plus tard que votre heure habituelle de coucher. Vous êtes les grands-parents, et à cette étape de votre vie vous avez le droit d'avoir du plaisir. Vous avez un rôle important à jouer et un travail considérable à accomplir. Quand vos petits-enfants sont avec vous, vous avez l'obligation morale de leur apprendre les choses qui comptent dans la vie: savoir siffler et claquer les doigts, savoir lécher la cuillère en faisant des petits gâteaux au chocolat, savoir planter des gueules-de-loup et chasser les limaces. Donnez-leur un pinceau et un pot de peinture, et apprenez-leur à peindre des arcs-en-ciel. Montrez-leur à faire griller des graines de tournesol et à peler les oranges. Si vous ne le faites pas, qui le fera?

Quand vos petits-enfants sont des adolescents (peu importe ce qu'on vous a dit), ils sont toujours avides d'apprendre de vous. Vous avez la responsabilité de leur apprendre des trucs pour se débrouiller dans la vie, comme d'user de stratégie au Scrabble et de rester impassible au poker. Quand c'est fait, amenez-les dans un restaurant chinois et montrez-leur à manger avec des baguettes (si vous ne savez pas comment faire, ils se feront un plaisir de vous l'apprendre!). Laissez-les laver votre voiture; prêtez-leur les clefs de la voiture: ils feront vos courses avec joie ou vous serviront de chauffeur. Allez ensemble vous faire photographier dans une cabine. Amenez votre petite-fille prendre le thé dans un hôtel chic; invitez votre petit-fils aux courses. Ou faites le contraire! Demandez à vos petits-enfants adolescents de vous amener dans une tournée des magasins de disques et de vous apprendre les mots de leurs chansons préférées. Amenez-les déjeuner à une terrasse et récitez les paroles de vos chansons favorites.

Que vous partagiez des plaisirs simples ou élaborés, gratuits ou extravagants, ce qui est merveilleux quand on est grands-parents c'est qu'on peut s'y adonner sans culpabilité. Comme l'observait Adam, âgé de sept ans, "Quand ma grand-maman prend les commandes, je fais plus de choses et je m'amuse beaucoup." Vous n'avez pas besoin d'autre permission pour faire ce que vous voulez.

Laissez vos attitudes de parents

C'est un soulagement d'être des grands-parents, plutôt que d'avoir la responsabilité de faire la cuisine et de laver des bouteilles. Vous n'avez plus besoin de former des caractères, de prendre tout en main, ni de faire la discipline. Vous êtes indispensables, mais vous n'êtes plus chef d'orchestre. Vous êtes encore les parents de quelqu'un et le serez toujours, mais maintenant vous pouvez accomplir vos fonctions de parents d'un coeur plus léger.

Bien que vos enfants soient devenus adultes et aient eux-mêmes des enfants, ils ont encore besoin de vous. J'ai demandé à Pascal, âgé de vingt-huit ans, ce qu'il attendait de ses parents, et voici ce qu'il m'a répondu: "De l'amour et du réconfort bien sûr, mais aussi d'une assise où je puis revenir quand je ne suis plus certain d'être sur la bonne voie. Je me souviens des valeurs et des idéaux qui m'ont été transmis pendant que je grandissais, et comme adulte je réalise à quel point ils ont modelé ma vie et les décisions que je prends. Maintenant je demande à mes parents leur opinion, ce que j'évitais de faire quand j'étais adolescent. Leur point de vue me tient à coeur. Je leur demande aussi des conseils spécifiques, par exemple sur le plan de mes finances, de mes achats et de mes investissements."

Le fils de Jeanne l'a appelée d'Allemagne au beau milieu de la journée pour avoir sa recette de paella. "Je ne me serais jamais attendue à ce genre de question de sa part", dit Jeanne. Son fils avait obtenu un emploi de chef dans un restaurant espagnol, et il ne savait pas faire la cuisine! Une

114

autre fois, il l'a appelée pour lui parler de sa fille qui s'était blessée à la main. Ce jour-là, Jeanne a écrit dans son journal: "Je crois qu'il a encore un peu besoin de moi. Ça fait plaisir."

Selon Pamela, qui dit avoir eu une relation d'amour/haine avec sa fille jusqu'à ce qu'elle devienne adulte: "Le plus agréable dans la fonction de parents, c'est d'être grands-parents. Depuis que ma fille a des enfants, cela va mieux entre nous. Je n'ai plus besoin de l'améliorer. Elle m'a donné les plus adorables petits-enfants, et je suis heureuse que nous ayons cessé de nous quereller."

Frédéric est du même avis: "Mes petits-enfants nous ont rapprochés, mon fils et moi, en nous séparant. Maintenant nous nous concentrons sur les petits-enfants plutôt que de nous concentrer l'un sur l'autre. Nous entretenons une distance respectable."

Le rôle de grands-parents est plus facile à jouer que celui de parents. Vous pouvez avoir plus de plaisir avec vos petits-enfants que vous n'en avez jamais eu avec vos propres enfants. Libérés des lourdes responsabilités des parents et du stress quotidien que le rôle peut imposer, vous pouvez être plus affectueux, plus patients, plus généreux et plus flexibles. On peut avoir du plaisir en votre compagnie. Maintenant que vos enfants sont des parents, ils vous comprennent mieux et ne vous reprochent plus les injustices réelles ou imaginaires qu'ils ont subies entre vos mains. Les années que vous vivez comme grands-parents sont propices à la réconciliation entre vous et vos enfants. Avec des petits-enfants dans votre vie, vous pouvez complètement oublier vos attitudes de parents et montrer les aspects les plus affectueux et les plus charmants de votre personnalité.

Traitez-les avec tendresse

*L*ilianne, une mère célibataire de deux enfants, est allée vivre avec son père après la mort de sa mère. Ils étaient tous deux conscients qu'il s'agissait là d'un arrangement "hors de l'ordinaire". "J'ai été stupéfaite de voir mon père avec ses petits-enfants", dit Lilianne. "Ce n'est pas l'homme auprès de qui j'ai grandi. J'avais peur de lui, parce qu'il était strict et sérieux. Mais avec mes enfants il est flexible. Il me respecte, et il me le montre." Son père l'admet: "Je disais toujours à Lilianne: "Fais ceci, ne fais pas cela." C'est naturel pour un père. Mais je ne le fais plus. Je suis là quand elle a besoin de moi."

La tendresse est très importante pour les enfants, et les grands-parents sont là pour leur en donner. C'est souvent difficile pour les parents de témoigner de la tendresse dans la vie de tous les jours. Souvenez-vous ce que c'était que d'être chef de famille, de prendre soin de toute la maisonnée. Quand on est parent, on est président du conseil d'administration, et également secrétaire, trésorier, concierge, sans oublier responsable de la cafétéria et préposé à l'entretien du terrain. Quand on est grands-parents, par contre, on est sorti de l'engrenage: on jouit du luxe de la retraite; on n'a plus la responsabilité de s'assurer qu'ils ont fait leurs devoirs, qu'ils ont mangé leurs légumes et qu'ils se mettent au lit à une heure convenable; on n'a qu'à prendre son temps, à leur lire des histoires avant qu'ils s'endorment et à leur témoigner beaucoup de tendresse. Les petits-enfants ont le don de susciter notre tendresse. Peut-être est-ce parce que nous comprenons mieux la vie. Ou parce que nous avons suffisamment ralenti notre rythme pour être plus détendus que quand nous étions de jeunes parents. Nos enfants élèvent nos petits-enfants, et ils en ont plein les bras. Nous comprenons, nous sympathisons, et cela nous rend humbles.

Jacques mesure un mètre quatre-vingt-dix, et ses mains sont tellement larges qu'il peut tenir sa petite-fille d'une semaine dans le creux de sa main. "Je suis tout ému", dit-il en riant tandis qu'il la prend dans ses bras. "Tu es le petit ange de grand-papa." Tandis qu'il roucoule, on voit ses yeux s'emplir de tendresse.

Il y a bien des façons d'exprimer sa tendresse. Robert, par exemple, n'est pas une personne que l'on qualifierait de tendre, mais il l'est indubitablement. Il a une façon de parler à ses petits-enfants qui leur fait comprendre à quel point il tient à eux. Quand il va leur rendre visite, vingt minutes à peine après être entré dans la maison il se lève, fait sonner la monnaie dans ses poches, et demande: "Comment va ta voiture?", et son petit-fils adolescent, Brian, comprend tout de suite que ça veut dire: Comment vas-tu? Puis Robert dit: "As-tu besoin de nouveaux pneus?", ce qui signifie: Est-ce que je peux faire quelque chose pour toi? "Il y a un drôle de bruit quand je démarre", répond Brian. Alors ils sortent tous les deux pour essayer la voiture. Robert exprime son affection en étant là et en offrant ses services sur le terrain qu'il connaît le mieux.

Que vous cajoliez les bébés, que vous aidiez les plus vieux à se moucher, que vous soigniez un genou écorché, vous avez une sensibilité dont les enfants ont besoin. Le monde peut être cruel, et tous les jours les enfants sont confrontés à de l'insensibilité. Ils rencontrent bien des gens qui les bousculent et les punissent. Ce n'est pas étonnant qu'ils s'épanouissent quand ils sont avec vous.

117

Vous n'êtes pas obligés de garder

Vous êtes surpris de ne pas ressentir le besoin de garder. Vous pensiez peut-être que le désir de garder s'activerait du moment que le bébé serait là. Ce n'est pas le cas et vous ne savez pas très bien quoi faire. Vous avez toujours été disponibles pour vos enfants et vous adorez vos petits-enfants, mais vous ne voulez pas garder et vous vous sentez coupables. Vous vous demandez si vous êtes malades. Vous aimeriez savoir dire non.

Si vous n'aimez pas garder ou si votre horaire est trop chargé pour vous occuper des enfants tous les jours, vous avez le droit de le dire. Vous ne serez pas de plus mauvais grands-parents parce que vous ne gardez pas régulièrement; et même si vous acceptez d'être disponibles à l'occasion, réfléchissez sérieusement avant de vous enrôler comme gardiens attitrés.

Marilyne et Hubert ont mis fin à leur première carrière et se modèlent activement une nouvelle vie. Hubert construit un atelier derrière la maison, où il a l'intention de faire de la sculpture et de peindre tous les matins. Marilyne travaille deux jours semaine dans la vente au détail, suis des cours de danse, est présidente de son club de jardinage et donne des cours d'anglais aux adultes. Ils adorent leurs petits-enfants, mais ils n'aiment pas garder, sauf en cas de besoin. Laura, une grand-mère célibataire qui travaille cinquante heures par semaine, aime passer du temps avec son nouveau petit-fils, mais elle ne peut s'engager à le faire régulièrement. Charlotte et Daniel aiment que leurs petits-enfants viennent leur rendre visite, mais ils ne veulent pas transformer leur maison en jardin d'enfants: ils préfèrent aller chez leur fils où le pousse-pousse, la chaise haute, le berceau et les jouets sont à portée de la main. Martine, par contre, aime garder, et elle a un droit de premier refus. Sa belle-fille lui demande d'abord à elle avant d'appeler d'autres personnes.

Quelle que soit votre position, deux choses sont importantes: la communication et la disponibilité. Grâce à elles, vous pourrez conclure une alliance satisfaisante pour chacun. Voici deux trucs qui pourront vous guider sur ce plan:

• Abordez la question en personne quelque temps d'avance. N'attendez pas à la dernière minute, quand ils ont besoin de quelqu'un dans une heure. Il est préférable d'en parler dans une atmosphère détendue où vous pourrez exprimer vos souhaits et connaître leurs attentes. Vous pourrez alors établir un plan sans arrière-pensées et éviter les malentendus.

• Informez les parents de ce que vous êtes prêts à faire. Il est possible qu'ils présument qu'ils peuvent compter sur vous chaque fois qu'ils en ont besoin. Êtes-vous disposés à garder le jour, le soir, toute la nuit, les week-ends? Voulez-vous être flexibles ou préférez-vous suivre un horaire fixe? De combien de jours de préavis avez-vous besoin? Souhaitez-vous être appelés en premier quand ils ont besoin de quelqu'un? Préférez-vous garder seulement pour dépanner?

Si vous gardez uniquement parce que vous ne savez pas dire non, vous commencerez à éprouver du ressentiment, et rien ne peut gâcher la relation entre vous et vos enfants plus rapidement que les ressentiments secrets. Il est préférable d'éprouver un peu de culpabilité pour avoir dit non que de prétendre que vous aimez garder les enfants quand ce n'est pas le cas.

Place aux autres grands-parents

S i vous avez la chance d'aimer vraiment les autres grands-parents de vos petits trésors, vous n'avez aucune inquiétude à avoir; mais si vous n'êtes pas sûrs de vouloir partager vos petits-enfants, vous vous exposez à un réveil brutal. Que cela vous plaise ou non, vous avez une famille! Quand un enfant naît, les grands-parents des deux côtés veulent participer – et c'est tout à fait naturel – mais tant que ceux-ci n'ont pas vraiment fait connaissance, la jalousie et la suspicion peuvent nuire aux relations.

L'autre grand-mère, par exemple, pourrait avoir peur d'être tenue à l'écart, et cette peur pourrait la conduire à être moins amicale. N'en faites pas une affaire personnelle; prenez seulement conscience que sa peur est à l'origine de son attitude. Elle se sentira moins menacée si vous lui tendez la main. Envoyez-lui une carte pour la féliciter d'être devenue grand-mère. Invitez la belle-famille à prendre un café chez vous pour parler de votre petite boule d'amour. Soyez patients si vous avez l'impression qu'ils vous repoussent; dites-leur que vous êtes heureux que le bébé ait tous ces grands-parents qui l'aiment.

Vous devez faire un effort conscient pour rendre l'expérience agréable; c'est un processus continu qui n'a pas à reposer sur la compétition. Une mauvaise relation avec la belle-famille peut tout gâcher; il n'est pas souhaitable que des relents d'hostilité affectent vos relations familiales. Et avec un nouveau bébé dans leur vie, la dernière chose dont vos enfants ont besoin c'est d'avoir des parents qui se bagarrent!

120

Vous voulez que vos petits-enfants aient des vies pleines et riches: le fait d'avoir deux couples de grands-parents dans leur vie en est un aspect. Ce n'est pas parce que les autres grands-parents passent du temps avec le bébé que ceux-ci vous enlèvent quelque chose. Vous pouvez éprouver de l'envie à l'occasion, mais ne vous en plaignez pas. Si vous avez élevé plus d'un enfant, vous avez vécu la rivalité entre les frères et soeurs, et vous avez probablement dit à vos enfants des centaines de fois: "Je vous aime tous les deux." Quand vous commencez à vous disputer l'attention des petits-enfants, vous engagez des rivalités avec la belle-famille et cela ne fait qu'empirer les choses.

Barbara dit: "Je ne me sens aucunement en compétition avec l'autre grand-mère de mon petit-fils. Jacquot est aussi son petit-fils. Celui-ci est important pour moi, mais je puis m'entendre avec son autre grand-mère." Les sentiments de possession à l'égard des personnes qu'on aime peuvent empoisonner les relations. Pensez plutôt à vous réjouir des moments délicieux qui vous sont accordés, et réjouissez-vous que d'autres personnes aiment vos petits-enfants. "Je ne suis pas jalouse des moments que Jacquot passe avec son autre grand-mère", dit Barbara. "Je veux que tout le monde l'aime."

Présumez que tout ira pour le mieux! Il sera toujours temps de vous interposer si les choses prennent une mauvaise tournure, mais ne prenez pas la direction des opérations, sous prétexte que vous craignez le pire. Ce n'est pas un concours. Vos petits-enfants profiteront de toute l'attention et de tout l'amour qui leur seront manifestés.

Évitez les critiques

Les parents sont des garde-barrières pour vos petits-enfants, alors si vous voulez passer du temps avec les tout petits, vous devez de toute évidence rester en bons termes avec la génération du milieu. Un des moyens de le faire est de vous rappeler que la plupart des critiques sont généralement inutiles. Elles éloignent de vous les personnes que vous aimez et entraînent du ressentiment, de la colère et de l'hostilité. Les parents de vos petits-enfants veulent que vous les approuviez, et vous leur montrerez que vous les approuvez en ne critiquant pas la façon dont ils élèvent leurs enfants.

Il n'est pas utile à vos enfants adultes de voir leurs aptitudes de parents analysées et évaluées. Ils apprennent comme vous l'avez fait vous-mêmes, et ils ont besoin de pratique. Une question comme celle-ci: "Pourquoi prends-tu le bébé aussitôt qu'il se met à pleurer?" n'est pas utile, parce qu'elle implique que la mère ne s'y prend pas de la bonne façon. Et celle-ci: "Vous gâtez l'enfant si vous lui permettez de dormir avec vous" n'est pas utile non plus, parce qu'elle implique que vous doutez de leur jugement. Le fait de vous interposer dans la façon dont ils élèvent leurs enfants ne profite à personne.

Si vous avez des idées sur les moyens d'amener les enfants à ramasser leurs jouets, par exemple, ne les exprimez pas en plein milieu d'une crise ou devant les enfants. Et avant de dire un seul mot, réfléchissez bien, pour vous assurer que votre fils ou votre fille sont disposés à entendre votre point de vue.

Les critiques et le sarcasme ne sont pas bienvenus non plus à l'égard de vos petits-enfants. Vous les rabaissez en leur disant: "Pourquoi portes-tu tes cheveux de cette façon?", ou "Tu as l'air ridicule avec cette chemise bouffante". L'enfant qui est constamment critiqué commence à se condamner lui-même et doute de sa valeur. Et quand vous critiquez vos petits-enfants, leurs parents se sentent visés personnellement.

Si vous avez dit quelque chose que vos enfants ou vos petits-enfants considèrent comme une critique, vous vous en apercevrez au ton de leur voix ou par leur silence. Même si vous n'aviez pas l'intention de formuler une critique, excusez-vous sans tarder: "Je suis désolée, je sais que j'ai semblé vous critiquer. Ce n'était pas mon intention."

Soyez aimables, doux et affectueux dans vos gestes et vos paroles. Sauf dans les cas de négligence ou de mauvais traitements sur le plan émotif, physique ou sexuel, gardez vos opinions sur l'éducation des enfants pour vous-mêmes. Ce sera mieux pour vous, pour vos enfants et pour vos petits-enfants. Si, toutefois, le bien-être physique de vos petits-enfants vous cause des inquiétudes, n'hésitez pas à faire ce qu'il faut pour vous assurer que ceux-ci sont en sécurité. Mais assurez-vous que vos petits-enfants sont en danger avant d'intervenir.

Souriez et riez ensemble

Cela n'a jamais été scientifiquement démontré, mais je pense tout de même que c'est vrai: les grands-parents sourient aux enfants plus fréquemment que les parents ne le font. Tout le monde gazouille en regardant les bébés, mais quand les petits commencent à courir, à laisser des traces de boue dans la maison et à essuyer leurs doigts sales sur la serviette propre qu'on vient de placer dans la salle de bain, les parents cessent de sourire. Ce n'est pas par méchanceté, mais parce qu'ils sont distraits par des douzaines de choses qu'ils doivent faire. Vous, par contre, vous souriez et vous riez plus. Vos enfants sont partis, et la maison reste en ordre, comme vous l'aimez. David, qui par mariage a hérité de douze petits-enfants, décrit très bien la chose: "J'aime mes petits-enfants, et je remercie le ciel de ne pas avoir à les élever."

Vos expressions faciales donnent des informations à vos petits-enfants. Peut-être qu'ils courent vers vous et grimpent sur vos genoux, parce que vous avez un air amical. Soyez attentifs au sens de l'humour de vos petits-enfants et vous en tirerez beaucoup de plaisir.

À dix mois, Emma avait déjà développé son sens de l'humour. Jeanne en a elle-même fait l'expérience: "Quand nous mangions ou que nous buvions quelque chose, chaque fois que je prenais une gorgée de ma boisson je disais "aah" et je regardais Emma, parce que cela attirait son attention et qu'elle me faisait alors un grand sourire. J'ai fait cela pendant plusieurs jours. Un jour, je suis entrée dans la pièce où sa mère la nourrissait, et j'ai vu Emma me regarder. Les yeux tournés vers moi, elle s'est écartée de sa mère et avec un grand sourire elle a dit "aah". Elle semblait très fière d'elle-même. J'étais ravie aussi, parce que c'était notre blague à nous. J'en ai été très émue."

Marie m'a raconté une histoire à propos du sens de l'humour de son petit-fils. Le jour où celui-ci, âgé d'un an et demi, eut sa première coupe de cheveux, il est monté sur les genoux de son grand-père et, tapotant son crâne chauve, il a dit: "Grand-papa a eu une grosse coupe de cheveux." Quand il s'est rendu compte qu'il avait fait rire tout le monde, il s'est senti très fier de sa réalisation. En reconnaissant les premières tentatives d'humour de vos petits-enfants, vous leur faites savoir que leur compagnie est agréable.

L'humour favorise le travail d'équipe. Faites attention au son de votre voix et à la façon dont vous demandez aux enfants de vous aider. De toute évidence, la phrase "J'aurais besoin que tu me donnes un coup de main pour laver la vaisselle" prononcée d'un ton amical est beaucoup plus efficace que les mots "Viens m'aider à faire la vaisselle!" prononcés sèchement.

Le rire est aussi une merveilleuse façon pour les enfants de surmonter une situation embarrassante. Quand votre petite-fille de cinq ans tombe de la balançoire, elle sera d'abord surprise et se demandera si vous l'avez vue. Mais si elle roule sur le sol en riant, d'autres enfants se joindront à elle et elle oubliera même qu'elle est tombée. Quand les enfants apprennent à ne pas se prendre trop au sérieux, ils apprennent à faire face aux difficultés plus facilement.

Le miracle de la naissance

Le premier de vos petits-enfants a eu un tel effet sur vous – comme tout ce qui arrive pour la première fois – que vous vous demandez comment vous réagirez à l'arrivée du second. Élizabeth a six petits-enfants et dit: "J'ai été étonnée de constater que chacun vient au monde avec sa personnalité, sa destinée et son âme à lui. Je pouvais le sentir. Une heure seulement après la naissance, physiquement sans défense, mais spirituellement puissant."

Devenir grands-parents, que ce soit pour la première ou la cinquième fois, est une bénédiction. Il est profondément émouvant de faire la connaissance de son petit-fils ou sa petite-fille: les coeurs fondent instantanément. Peu importe combien de fois vous l'avez vécu, les petits-enfants nouveau-nés vous réchauffent le coeur. En un instant, vous remerciez Dieu pour le miracle et vous priez pour le bonheur de l'enfant, le vôtre, celui de ses parents, cousins, oncles, tantes, autres grands-parents et pour le salut du monde entier. Le petit enfant vous a mis en présence du Divin; soudain vous avez l'impression de fouler un sol béni. C'est à couper le souffle de voir un petit enfant si innocent, dépendant et vulnérable.

Arthur, grand-père endurci de trois petits-enfants, dit: "C'est une expérience troublante que d'être à l'hôpital pendant que ma fille accouche. Je ne sais pas quoi faire de moi. Je lis le journal et je fais les cent pas. Je ne sais trop comment, mais ma présence semble lui apporter un soutien moral, alors je suis heureux de le faire."

George, grand-père pour la première fois à cinquante ans, dit: "Être grand-père est un sentiment extraordinaire. Comme pour nos propres enfants, il est fantastique de voir les progrès accomplis par la petite Emma en dix mois. Elle est passée d'un état de dépendance totale à celui d'être réel avec sa personnalité, son intelligence, ses émotions, son amour et sa créativité. Elle a appris tant de choses, et elle a trouvé tant de façons de séduire le coeur et l'âme des personnes qui la connaissent.»

Avoir une relation intime avec un bébé nous fait prendre conscience de la profondeur des choses ordinaires, auxquelles nous ne faisons pas toujours attention. Au contact de ce petit être, nous sommes témoins du développement de l'esprit humain et nous sommes transportés.

"Mes sentiments pour Emma grandissent chaque fois que je la vois, chaque fois que j'entends sa charmante voix au téléphone", ajoute George. "C'est une petite fille adorable, qui a sa tête à elle et une volonté très forte. Elle a tout l'amour, la chaleur et l'affection nécessaires pour la placer sur la voix du succès."

Vous n'y pouvez rien: vos genoux tremblent et vous êtes prêts à faire des choses extraordinaires dans l'intérêt de vos petits-enfants. Vous vous identifiez à d'autres grands-parents, et vous vous êtes probablement sentis comme George, quand il dit: "Je suis ravi et honoré d'être grand-père. J'espère seulement que le monde sera bon et hospitalier pour Emma et ceux qui suivront."

Faites des folies

*O*n dit que la femme vraiment sage se permet de petites folies de temps en temps. Vous avez sûrement acquis assez de sagesse maintenant pour savoir quand et dans quelle mesure vous en avez besoin. Soyons nette: si vous ne pouvez pas vous amuser avec vos petits-enfants, vous êtes sur le point de devenir difficile, sombre et carrément désagréable. Vous passerez à côté de ce qu'il y a de meilleur dans la vie, et personne n'aura envie de se trouver en votre compagnie. Si vous avez des tendances au sérieux, au perfectionnisme ou à l'autocritique, vous avez besoin de vous détendre et de passer une journée avec vos petits-enfants. Comme le dit Daphné, âgée de dix-sept ans: "Les petits-enfants raniment la maison et égaient l'atmosphère."

Invitez vos petits-enfants et faites des bêtises. Si vous ne pouvez pas le faire pour vous-mêmes, faites-le pour eux, parce que les spécialistes dans le développement de l'enfant s'entendent sur le fait que les enfants qui sont allègres et enjoués sont plus heureux et ont plus d'amis. Considérez cela comme l'apprentissage d'aptitudes à l'humanité. Racontez des blagues à vos petits-enfants, posez-leur des devinettes, chantez et tapez du pied. Vous les aidez à développer leur fibre humoristique, ce qui les aidera à se faire des copains. Envisagez votre situation avec humour, et vos petits-enfants apprendront qu'après la pluie vient le beau temps.

Quand vous écouterez de la musique, raconterez des histoires, lirez des livres et rirez, le temps que vous passerez ensemble sera agréable, et ils souhaiteront venir vous voir plus souvent. Plutôt que de vous plaindre qu'ils ne viennent jamais vous voir, invitez-les et apprenez-leur à danser le yaya ou le twist. Demandez-leur de vous montrer les dernières choses qu'ils ont apprises. Si vous êtes tendus en leur présence, parce que vous avez peur qu'ils causent du désordre dans votre maison, ils ne resteront pas très longtemps. Mais si vous êtes prêts à rouler le tapis, ils viendront vous visiter juste pour voir ce que vous mijotez.

Joseph a pris l'habitude d'écouter le samedi matin avec son petit-fils préadolescent une émission de radio, pendant laquelle ils mangent des beignets et rient tous les deux. Apprenez quelques tours de magie pour les divertir. Ils trouveront sûrement très drôle que leur grand-mère apprenne à jongler! Le rire stimule l'endorphine, ce qui a un effet apaisant sur le corps. L'esprit continue à grandir quand il est stimulé, et le corps a un extraordinaire pouvoir de régénération quand il se détend.

Zacharie, âgé de quatre ans, décrit son grand-père de la façon suivante: "Il est vieux et amusant." C'est certainement mieux que ce que dit Jessica de son grand-père: "Il n'est pas drôle." Cela vaut vraiment la peine de développer sa fibre humoristique.

La vraie maturité retient une partie de l'enfance, alors soyez des grands-parents à la mode, allègres et amusants. Faire des petites folies ensemble permet d'établir la confiance. Cela aide les enfants à faire face à leurs propres angoisses et à leurs frustrations. Tant que vous ne vous moquez pas, l'humour rend l'atmosphère familiale saine et merveilleuse.

Cherchez l'équilibre dans votre vie

*O*n a des frissons quand on prend pour la première fois dans nos bras le bébé de notre "grand bébé". Après tout, il y a entre nous un lien de créativité. Mais ce n'est que le début; en fait ce n'est rien à côté de ce qui nous attend. Parce que devenir grands-parents ne concerne pas seulement le bébé, cela nous concerne aussi.

Devenir grands-parents est un rite de passage comme un autre: c'est une autre phase de la vie qu'il faut accepter à bras ouverts. Si vous abordez cette étape de la vie en maugréant et en vous traînant les pieds, vous laisserez échapper de merveilleuses occasions. Que vous ayez quarante, cinquante, soixante, soixante-dix ans ou plus, si vous devenez grand-père ou grand-mère de tout votre coeur et de toute votre âme, vous en tirerez d'extraordinaires satisfactions.

Devenir grands-parents est un événement aussi important dans la vie que se marier ou avoir des enfants. Mais contrairement à ces autres événements qui transforment la vie, le fait d'être grands-parents n'a pas à absorber toutes vos pensées et toutes vos actions. C'est ce qui rend cette période de la vie si spéciale: vous avez du temps à vous consacrer à vous-mêmes. Nous connaissons tous des grands-parents qui parlent sans arrêt de leurs petits-enfants; bien que nous reconnaissions l'amour qu'ils éprouvent pour leurs petits trésors, nous sentons que quelque chose manque. Leur vie semble déséquilibrée. C'est triste et déconcertant.

La vie comporte plusieurs dimensions: pourquoi ne pas les explorer toutes? Quand vous êtes avec vos petits-enfants, soyez tout entiers avec eux. Consacrez-leur tout votre temps, votre énergie, vos pensées et vos actions. Quand vous êtes loin d'eux, consacrez votre temps, votre énergie, vos pensées et vos actions à vous-mêmes, à votre conjoint, à vos amis, à votre travail et à vos loisirs. Vous pouvez vous épanouir et devenir une personne équilibrée et fascinante, ou vous pouvez passer votre temps à ne rien faire et devenir une personne terne et unidimensionnelle.

Carla, âgée de cinquante-neuf ans, a commencé à s'intéresser à la photographie après la mort de son mari. Les murs de sa maison sont couverts de photos de sa famille, de fleurs, d'animaux et de vues du bord de la mer. Les week-ends, elle va se promener, et elle photographie les choses qui lui procurent de la joie. "Après la mort de mon mari, je me suis accrochée à mes enfants et à mes petits-enfants; ceux-ci furent ma planche de salut pendant quelque temps. Puis, je me suis efforcée d'essayer de nouvelles choses. Ce n'est pas toujours facile, mais c'est bon pour moi."

Être grands-parents et vivre sa vie de façon équilibrée signifie s'aimer aussi et ne pas vivre uniquement pour ses enfants et ses petits-enfants. Cela signifie aussi réfléchir à ses aptitudes et découvrir les talents qui peuvent encore être exploités. Peut-être aviez-vous, à l'adolescence, des intérêts pour la musique, que vous avez dû laisser en arrière-plan pendant toute votre vie adulte. Pourquoi ne pas vous y remettre maintenant? Suivez des cours, joignez-vous à une chorale. Danielle suit des cours de danse à claquettes. Julien fait de la sculpture sur bois et prépare une exposition. William fait le clown dans les hôpitaux pour enfants. Prenez du temps pour vous-mêmes chaque jour, dorlotez-vous, apprenez quelque chose de nouveau.

Restez près

*S*i vous souhaitez passer beaucoup de temps avec vos petits-enfants, il y a des chances que votre ennemi numéro un soit la distance géographique. Une étude a démontré que si vous vivez à moins de dix kilomètres de vos petits-enfants, vous recevrez plus d'une centaine de visites par année. Par contre, si vous en êtes séparés de plus de cent vingt kilomètres, les visites tomberont à trois ou quatre par année.

Comme la plupart des grands-parents, les petits-enfants ne demeurent pas toujours à la même placc; ils participent à autant d'activités que vous-mêmes, alors n'essayez pas de les faire sentir coupables s'ils ne sont pas avec vous chaque minute, quand vous avez parcouru six cents kilomètres pour venir passer une semaine avec eux. Comme disait Karine, une grand-maman qui a le sens du ridicule, "J'étais contente qu'au moins ils me reconnaissent."

Les visites sont très importantes pour entretenir des relations intimes; alors si vous vivez dans une autre ville, vous devrez faire des efforts pour rendre chacune de vos visites mémorable. Entre les visites, vous devrez maintenir les voies de communication ouvertes pour rester près et vous intéresser activement à leur vie.

Si vous demeurez loin, vous devrez être disposés à voyager. Si vous devez prendre l'avion pour les voir, profitez de la guerre des prix entre les lignes aériennes et allez-y aussi souvent que votre budget (et vos enfants adultes) le permet. Ne vous laissez pas arrêter par votre peur de l'avion. Si vous avez vraiment peur, invitez votre famille et payez leurs billets.

Grand-maman Gertrude était une vieille avare. Elle passait ses journées toute seule, affirmant qu'elle avait horreur des avions et se plaignait que personne ne venait la voir. Quand son petit-fils adolescent a offert de lui rendre visite pendant les vacances scolaires si elle payait son billet, elle a marmonné une excuse qui voulait dire: Je garde mon argent. Ses enfants ont tenté de lui faire entendre raison, mais elle a laissé son argent à la banque et est restée seule. Veillez à ce que cela ne vous arrive pas. Si vous avez de l'argent, ne vous privez pas de leur rendre visite chaque fois qu'ils vous invitent, ou demandez-leur à brûle-pourpoint si vous pouvez aller les voir le mois prochain. Vous n'êtes pas obligés de croire que votre belle-fille est la plus merveilleuse femme au monde pour avoir du plaisir avec vos petits-enfants (mais n'oubliez pas de garder vos opinions pour vous!).

Après leur avoir rendu visite, il est probable que vous vous sentiez plus seuls et qu'ils vous manquent encore plus. La douleur est plus profonde tout de suite après la visite, et il est parfois difficile de se remettre dans le bain. Il est naturel d'avoir la larme à l'oeil et d'être un peu déprimé pendant quelques jours. Accordez-vous le temps de ressentir votre peine, de pleurer un peu, puis tournez-vous vers des amis, de préférence des grands-parents qui sont dans le même bateau que vous.

Restez en contact: écrivez, téléphonez

*I*l peut être compliqué de rester en contact avec ses enfants et ses petits-enfants quand on est séparés (non seulement par la distance, mais par les emplois du temps chargés), mais ça en vaut vraiment la peine. On peut toujours utiliser le téléphone, mais parfois les petits-enfants sont trop occupés ou trop jeunes pour parler. Quand ils finissent par venir au téléphone, ils ne sont pas toujours très loquaces, ou ils ont d'autres appels et vous mettent en attente.

Quoique ce soit toujours une grande joie d'entendre la voix des personnes que l'on aime, il y a d'autres façons de communiquer qui peuvent être amusantes. Vous pouvez par exemple prendre l'habitude de converser par courrier électronique. Le E-mail n'est pas prêt de disparaître, alors si vous ne vous êtes pas encore familiarisés avec cette commodité moderne, peut-être pourriez-vous penser à vous inscrire à un cours du soir dans votre quartier pour commencer à apprendre. Vous n'en reviendrez pas de la facilité avec laquelle vous demeurerez en contact avec vos petits-cnfants, qui n'auraient jamais auparavant songé à vous écrire un mot. Catherine dit: "Mes contacts avec ma petite-fille de dix-neuf ans sont cent fois plus nombreux depuis que je me suis branchée." Et vos frais d'interurbain seront chose du passé, puisque le courrier électronique ne coûte pas plus cher qu'un appel local, même quand votre correspondant est à l'autre bout du monde.

Vous n'aurez peut-être pas l'occasion de voir vos petits-enfants pendant les vacances et vous devrez imaginer une façon originale de rester en contact. Un des moyens est de confectionner un "album d'histoire" contenant les plus populaires anecdotes de la famille. Gardez avec vous un magnétophone pendant un jour ou deux, et préparez une cassette que vous leur enverrez. Dites-leur ce que vous faites comme s'ils étaient à vos côtés. Envoyez votre enregistrement avec une cassette vierge pour qu'ils fassent de même. Vous pourriez également préparer une cassette vidéo.

J'aime bien l'idée d'une amie à moi (qui la tient d'une amie à elle), qui consiste à augmenter les communications au moyen d'un bulletin de famille trimestriel. Quand les petits-enfants de Greta étaient jeunes, elle leur envoyait des dessins qu'elle avait faits et leur écrivait avec des crayons marqueurs pour que ce soit plus facile à lire. Elle écrivait des histoires adaptées à leur âge, posait des questions et les invitait à lui répondre. Quand les enfants furent un peu plus vieux, elle leur raconta ses expériences à l'école. Quand son petit-fils a commencé à jouer au base-ball, elle a fait des recherches sur l'histoire du base-ball et s'est mise à lui raconter des faits divers relatifs aux sports. Quand sa petite-fille a commencé à travailler, Greta lui a raconté dans une lettre sa première expérience de travail. Elle leur a même donné des conseils déguisés en incluant dans ses lettres des citations et des proverbes.

Les bulletins sont une bonne façon de propager l'histoire de votre famille. Vous pouvez faire des copies de photos de vos ancêtres pour que chacun sache de qui vous parlez. Encouragez les petits-enfants à contribuer aux futures parutions. Dans son premier numéro, Greta a lancé un concours pour trouver un nom au bulletin. Le gagnant et les six autres participants reçurent un prix (elle a sept petits-enfants). Elle stimule fréquemment les membres de sa famille au moyen de concours dont le prix peut varier entre une journée à la plage avec grand-mère ou une tournée dans les magasins. Et quand on lui reproche ses ruses, elle dit sans sourciller qu'elles relèvent de sa prérogative de grand-mère.

Laissez le temps faire les choses

*I*l y a une différence entre aimer vos petits-enfants et les étouffer de votre amour. Les bébés qui ne vous ont pas vus depuis quelque temps ne seront pas forcément portés à quitter les bras de leurs parents pour aller vers vous. Ils voudront vous observer d'abord avant de reprendre leur aplomb. Ne vous formalisez pas qu'ils restent près de membres de la maisonnée; ils se laisseront apprivoiser si vous les laissez suivre leur propre rythme. Ne vous en faites pas, et n'insistez pas auprès de leur mère pour qu'ils aillent vers vous. Si vous êtes patients et agréables, le bébé se sentira éventuellement assez en sécurité pour s'aventurer. Quand ils vous donnent le signal en tendant les bras vers vous, vous pouvez les prendre, mais n'essayez pas de les retenir s'ils veulent retourner vers papa ou maman. Il s'agit de jouer à faire connaissance, alors amusez-vous. Vous pouvez gazouiller et roucouler tout votre soûl, du moment que vous ne les engloutissez pas.

Le principe est le même avec les enfants plus vieux. S'ils ont fait un long voyage en avion ou en auto, ils auront emmagasiné beaucoup d'énergie et auront peut-être besoin en arrivant de courir ou de dépenser cette énergie autrement. Ils voudront peut-être manger quelque chose, utiliser la salle de bain, allumer la télévision ou faire le tour de la maison. Ne vous en faites pas s'ils n'ont pas tout de suite envie d'avoir une longue conversation coeur-à-coeur. Les meilleures visites sont singulières; si vous laissez les choses évoluer d'elles-mêmes, vous aurez des tas d'occasions de vous retrouver.

136

Sachez bien que l'amitié entre vous et vos petits-enfants ne sera ni instantanée, ni automatique. N'insistez pas cinq minutes après leur arrivée pour que votre petit-fils joue du saxophone ou que votre petite-fille vous montre les pas de ballet qu'elle a appris. Votre objectif est de les connaître personnellement; comme dans toute relation, chacun doit faire des concessions. Les enfants ont leur rythme, leurs besoins et leurs désirs à eux; si vous respectez cela, ils le sauront et voudront que vous soyez amis. Si vous les poussez constamment, vous obtiendrez peut-être une caresse ou une réponse à votre question, mais votre relation demeurera superficielle. Si vous voulez vivre quelque chose de plus profond, vous les laisserez choisir leur moment.

Évidemment, chaque enfant est unique: certains sont plus affectueux, d'autres s'expriment plus verbalement. Vous pourrez comprendre leurs besoins en les écoutant attentivement et en étant attentifs au langage corporel. Ne leur dites pas ce qu'ils veulent, et s'ils s'éloignent de vous, restez en retrait. Ne vous laissez pas influencer par vos besoins. Justine m'a dit: "Ma grand-mère s'est attachée instantanément à mon existence. Elle a cessé de vivre pour elle-même dès le moment où je suis née et elle ne vit encore que pour moi aujourd'hui. Je suis heureuse qu'elle vive dans une autre ville."

Le secret de l'amitié durable consiste à respecter le fait que chaque enfant est un individu unique et à prendre le temps qu'il faut pour cultiver une relation authentique.

Parlez des choses difficiles

*P*ourquoi tu pleures, grand-maman? Comme elle voulait dire la vérité au petit Nicholas, mais qu'elle ne voulait pas l'effrayer, elle lui a répondu: *Parce que je suis malade et que ça me fait du bien de pleurer.* Ce n'est pas aussi terrifiant que vous pensez de parler des choses pénibles avec les petits-enfants. Vous aurez beaucoup moins de chances d'effrayer les enfants en leur parlant de ce qui se passe qu'en les laissant dans le noir à essayer de deviner ce qui arrive. Les enfants sont capables de parler des réalités de la vie, de la naissance à la maladie, en passant par Dieu et la mort, dans la mesure où les adultes abordent les problèmes calmement et ouvertement et ne les surchargent pas d'informations ou d'opinions.

Kim, âgée de dix-huit ans, et Alice, sa grand-mère, âgée de soixante-dix-neuf ans, dînaient ensemble par un bel après-midi ensoleillé. "Grand-maman, tu as de la sauce tout autour de la bouche, voici une serviette de papier", dit Kim. "Voilà, est-ce qu'il y en a encore?", demanda Alice. "Oui, tu en as encore sur le menton", dit Kim en riant. Puis, elle lui demanda d'un air taquin: "Est-ce que je vais devoir t'essuyer le menton quand tu vas être vieille, grand-maman?" "J'espère que non", répondit Alice. "Je ne compte pas devenir impotente, mais on ne sait jamais ce que la vie nous réserve. La vie est étrange, tu ne trouves pas? Un jour tu seras vieille, toi aussi." "Ouais, dit Kim, la vie régresse." "Dieu a un bien drôle de sens de l'humour", remarqua Alice. "Tout le monde pense que Dieu est sérieux, mais il doit bien se marrer de là-haut", dit Kim.

Si vous êtes disposés à parler de choses graves, les enfants le seront probablement aussi. Et bien que ces sujets soient importants, vous n'êtes pas obligés de les aborder avec une attitude pessimiste. Vous pouvez conserver un ton détaché, même quand vous devez traiter de sujets difficiles comme la maladie ou la mort.

Tout le monde meurt. Si vous ne reconnaissez pas cela de temps en temps, l'enfant qui devra en faire l'expérience aura tout un choc. C'est une bonne chose de s'exercer à discuter de ces questions. Il n'est pas nécessaire de le faire d'un ton formel; les moments où l'occasion se présente d'elle-même sont fréquents, comme quand meurt un animal favori, ou même dans le contexte d'un film pour enfants. Les contes de fées regorgent de deuils et de morts, et ils sont de bons tremplins pour aborder le sujet. Il n'y a rien de mal à parler de la mort, pas d'une façon morbide, mais comme d'un aspect de la vie.

Peut-être qu'un de vos amis est mort et que vos petits-enfants savent que vous assisterez aux funérailles. Peut-être qu'un de vos parents est malade ou même à l'agonie. Ce sont des situations appropriées pour partager vos sentiments et parler de l'ordre naturel des choses. Si vous pleurez la mort d'un ami ou d'un parent, ne cachez pas votre peine devant les enfants. Il est bon qu'ils constatent que vous aimez des gens et que des gens vous aiment, et que parfois l'on perd des personnes que l'on aime. Ce n'est pas mauvais qu'ils vous voient pleurer. N'hésitez pas à leur dire quand vous souffrez. Vous et vos petits-enfants vous remettrez de votre peine en partageant vos émotions et en parlant ouvertement de la personne qui est morte.

Voir avec les yeux de vos petits-enfants

*N*ous sommes allés dehors et il y avait un pissenlit monté en graine, raconte Rebecca, qui a un petit-fils de deux ans. *Pour moi, c'était de la mauvaise herbe, que je ne remarquais plus depuis longtemps; mais pour mon petit-fils, c'était une découverte spectaculaire. Je lui ai montré comment souffler les graines dans le vent, et j'ai vu dans son visage qu'il était absolument ravi. J'ai été stupéfaite de l'observer avec les pissenlits. Cela m'a appris à regarder le monde avec ses yeux.*

Essayez d'imaginer ce que c'est que de voir, de goûter et d'entendre pour la première fois. Les événements de tous les jours deviennent de merveilleux spectacles: les oiseaux qui chantent, le soleil qui brille, les tulipes qui fleurissent, les amis qui rient. Regardez le monde avec les yeux de vos petits-enfants, et vous verrez les choses tout autrement. Vous vous enthousiasmez, et la vie est magique. Un avion qui vole dans le ciel, un homme qui fait du jogging avec son chien, un papillon qui bat des ailes dans la cour: voilà autant de délices captivantes pour les enfants. Les enfants sont spontanés, cela fait partie de leurs charmes. Ils ne s'embarrassent pas de la logique ou de la rationalité; ils n'ont pas le souci de la cohérence. Ils sont enjoués, curieux et avides de découvertes. Quand vous voyez les choses avec les yeux de vos petits-enfants, votre routine quotidienne se remplit à nouveau de merveilles. Le monde est plus amical, et vous l'êtes aussi.

Les petits-enfants vous donnent de l'espoir et vous rassurent. Rita dit: "Ils stimulent mon imagination et me donnent des idées nouvelles. Quand je manque d'inspiration durant mon cours d'aquarelle, j'imagine comment l'un d'entre eux peindrait le tableau, et je réussis à exprimer ce que je cherchais avec peine l'instant d'avant."

Ce sont là les avantages inhérents au statut de grands-parents. Vous avez non seulement le bonheur de voir le visage de vos petits-enfants s'illuminer tandis qu'ils découvrent que l'eau est bonne à boire et à faire éclabousser, mais vous avez également la chance de faire éclabousser l'eau si vous en avez envie. Vous pouvez leur apprendre à claquer la langue et cela vous donne l'occasion de claquer la vôtre. Vous pouvez leur lire *Le petit chaperon rouge* et en tirer autant de plaisir qu'eux!

"Les enfants sont honnêtes", dit Hélène, qui a cinq petits-enfants. "Et ça fait tellement de bien de se faire dire la vérité. Ma petite-fille de sept ans m'a dit, quand je lui ai annoncé que je voulais suivre un régime: C'est une bonne chose, grand-maman, parce que tu n'es pas exactement grosse, mais tu n'es pas exactement mince."

En regardant avec les yeux de vos petits-enfants, vous en tirez deux fois plus de bienfaits.

Soyez toujours avec eux en pensée

J'ai une amie qui a une boutique de cadeaux; elle m'a parlé d'une femme âgée qui achète des services à thé pour offrir à chacun de ses arrière-petits-enfants. Il ne s'agit pas de services à thé ordinaires, mais de porcelaine de Chine de la plus haute qualité, peinte à la main, spécialement importée d'Angleterre. Chaque fois qu'un nouvel arrière-petit-garçon ou petite-fille vient au monde, elle commande un nouveau service à thé. Le fait d'acheter des présents coûteux pour les petits-enfants n'a rien d'extraordinaire en soi; bien des grands-parents le font. Ce qui est remarquable dans cette histoire c'est la façon dont elle compte leur donner. Elle place chaque service à thé dans son grenier, avec une note à l'intention de l'enfant à qui il est destiné. Personne dans sa famille ne connaît son plan: c'est son secret. Après sa mort, quand sa famille fera l'inventaire de ses possessions, ils découvriront les présents spéciaux et les notes qu'elle a laissés.

Mon amie ne connaissait pas tous les détails, mais je me suis mise à réfléchir sur l'héritage extraordinaire que cela sera. Je me demande qui est cette femme et pourquoi elle a choisi les services à thé. Symbolisent-ils quelque chose d'important dans sa vie? Ses arrière-petits-enfants en comprendront-ils la signification, et sauront-ils pourquoi elle a choisi de faire des services à thé les derniers cadeaux qu'elle aura laissés sur terre? C'est presque comme si le cadeau venait d'outre-tombe. Vouloir laisser ces merveilleux legs demande beaucoup de planification, d'amour et de dévouement. Elle doit porter ses arrière-petits-enfants dans son coeur chaque jour que Dieu fait.

Que penseront et que ressentiront les enfants quand ils découvriront les services à thé? Que contiennent les notes qu'elle laisse? Les arrière-petits-enfants utiliseront-ils les services à thé? Les légueront-ils un jour à leurs propres enfants? Imaginez les histoires qu'ils raconteront en servant le thé. Ils sentiront sûrement sa présence.

Je vois d'ici l'étincelle dans ses yeux tandis qu'elle place chaque service à thé à la place qui convient dans le grenier. Elle a le sens de l'humour. Elle doit savoir que la mort est une illusion, et peut-être se sert-elle des cadeaux pour leur dire: "Je suis avec vous en esprit. Si vous en doutez, servez le thé et pensez à moi; vous me sentirez tout près de vous."

Vous n'avez pas à attendre d'être partis pour être spirituellement liés à vos enfants, à vos petits-enfants, à vos arrière-petits-enfants. Vous êtes toujours rattachés par la prière, la méditation et l'amour. Dites à vos petits-enfants: "Je suis toujours avec vous en pensée, à vous aimer et à vous encourager."

Priez pour les personnes que vous aimez et dites-leur que vous le faites. Comme ma grand-mère disait toujours : "J'aime et je prie de mon mieux."

Il est rassurant de savoir que quelque part dans l'univers quelqu'un vous aide et vous appuie. C'est un baume pour l'âme de savoir que nos grands-parents nous aiment, quelle que soit la distance qui nous sépare, quel que soit notre âge, et peu importe les erreurs que nous faisons. Savoir qu'ils seront toujours là quand nous aurons besoin d'eux est un sentiment réconfortant, surtout les nuits où le vent se déchaîne à notre porte.

Choisissez des causes à défendre

*B*ien des grands-parents s'inquiètent avec raison des conditions dans lesquelles les enfants grandissent de nos jours. Nous sommes troublés par la violence et le crime qui affligent notre société. Nous sommes préoccupés par leur éducation, leur santé, leur future situation économique. Y aura-t-il suffisamment d'argent pour tout cela? Quand ils seront grands, y aura-t-il assez d'emplois? Seront-ils capables de payer leur loyer, de s'acheter une petite maison? Nous sommes déroutés par ce que l'avenir leur réserve.

Nous nous inquiétons également pour les enfants troublés dont nous entendons parler. Nous ne comprenons pas pourquoi ils sont si malheureux et si hostiles, ni comment ils le sont devenus. Nous sommes perturbés à la pensée des enfants sans but, rageurs, souffrants et perdus. Nous nous demandons ce qui est arrivé. Comment un bébé confiant devient-il aussi négatif en quelques années? Est-ce que quelqu'un s'en préoccupe? Nous posons beaucoup de questions, mais nous ne connaissons pas les réponses. Nous nous demandons si quelque chose peut être fait, et si oui qui le fera?

Vous avez sûrement deviné que je crois fermement que l'amour profond et inconditionnel est la plus puissante force de l'univers. Je pense qu'on peut jumeler à cela des causes valables auxquelles les grands-parents peuvent contribuer pour améliorer les choses. Par exemple, si un groupe de grands-parents se rencontraient régulièrement pour faire des recherches intensives concernant certains problèmes au nom des enfants, je pense qu'ils pourraient proposer des solutions faisables. Peut-être pourriez-vous organiser dans votre quartier des rencontres visant à traiter des problèmes sociaux. Un "grand remue-méninges" consacré aux problèmes auxquels sont confrontés les jeunes et les personnes âgées pourrait constituer une force positive vigoureuse. Il suffit de quelques personnes déterminées pour faire bouger les choses.

Les besoins des enfants et ceux des personnes âgées sont très similaires. Le professeur David Fischer, de l'université Brandeis, a proposé un plan fascinant. Selon lui, plutôt que de supporter les gens à la fin de leur vie avec des programmes de sécurité sociale, il serait moins coûteux et plus facile de donner à chaque citoyen à sa naissance un certain montant d'argent qui serait investi sa vie durant, ce qui fait que chacun serait assuré d'avoir un fonds de pension pour ses années de retraite. Selon les calculs du professeur Fischer, l'investissement initial représenterait une dépense publique moins élevée que l'aide sociale. Je sais que ce n'est pas la solution à tous nos problèmes sociaux, mais les sessions de réflexion, les forums de quartier et les sommets nationaux entre les générations pourraient stimuler l'expertise qui sommeille et libérer une source de résolutions sensées.

Je ne doute pas que l'énergie dépensée et les idées concoctées par les grands-parents qui réfléchissent au nom des enfants seraient remarquées, surtout si vous distribuez des communiqués de presse, invitez des membres du conseil de ville, écrivez des lettres aux journaux, faites circuler des pétitions et alertez la télévision et la presse écrite. Vous pourriez vous joindre à d'autres organisations communautaires. Faites des pancartes et organisez des marches; vous pourriez les baptiser: "Enfants et Grands-parents en Action". Peut-être la paroisse, l'école ou le YMCA de votre région accepteraient de financer les événements avec vous. Qui en serait le président? Pourquoi pas vous?

Laissez-leur des souvenirs sentimentaux

S i vous lisez ce livre, vous êtes probablement des grands-parents et vos grands-parents sont sans doute déjà morts. Quoiqu'ils ne soient plus avec vous de corps, ils le sont certainement d'esprit, et vous avez sûrement des souvenirs qui les évoquent: une broche, une montre de poche, un service en porcelaine de Chine, une courtepointe, de vieilles lettres, une bible de famille. Vous avez peut-être même quelques photographies en noir et blanc qui les représentent quand ils étaient enfants.

Ma grand-mère avait trois magnifiques meubles en chêne: un guéridon tout usé sur lequel nous mangions souvent le dimanche du poulet et des raviolis, une énorme chaise berçante qui m'avalait complètement quand je m'assoyais dedans, et une horloge grand-père avec un pendule. Mon frère, ma soeur et moi avons chacun hérité d'un de ces meubles, et quand je mange à la table, quand je me berce dans la chaise, ou que j'entends l'horloge carillonner, je suis submergée de souvenirs de ma chère vieille grand-mère.

Ma grand-mère collectionnait les timbres-primes. Comme elle était aveugle, elle ne pouvait pas les coller elle-même dans les livrets, alors elle les plaçait dans un coffret jusqu'à ce que l'un de ses petits-enfants puisse le faire pour elle. Quand j'avais neuf ans, c'était mon plus grand plaisir que d'aider ma grand-mère à coller ses timbres, à compter les livrets, et à regarder dans le catalogue pour voir ce que nous pouvions acheter.

J'adorais lécher chaque petit timbre. Je me sentais grande et fière de guider ma grand-mère quand nous allions au magasin échanger les timbres.

Le goût des timbres, son lit de fer, les fleurs de son jardin, la sensation de ses mains sur mon visage, qu'elle touchait pour voir de quoi j'avais l'air: ils sont tous gravés en permanence dans ma mémoire. Souvenirs délicieux de simples plaisirs quotidiens, où rien n'était compliqué, et pourtant tout était extraordinaire. Mes souvenirs ont une telle force que quand je parle à ma fille de l'arrière-grand-mère qu'elle n'a jamais connue, elle sent sa présence aussi. Un jour, je lui léguerai l'horloge grand-père de grand-maman.

Les souvenirs sont des trésors dont la valeur réside dans le coeur de vos petits-enfants. Vous ne saurez peut-être jamais vraiment ce qu'ils signifient pour eux, mais vous pourrez le deviner à la chaleur des sentiments que vous partagez. Que vous leur léguiez un bijou particulier, une collection de disques, une boîte à outils, ou un vieux veston de cuir, vous leur donnez un symbole du lien éternel qui vous unit. Peu importe que vous leur laissiez maintenant ou après votre départ, vous pouvez être sûrs que pour eux leur valeur augmentera d'année en année.

Partagez vos connaissances

*V*otre petite-fille est peut-être un génie en mathématiques, et votre petit-fils un as du base-ball, tandis que leurs ordinateurs vous laissent perplexes et que vous êtes incapables de nager aussi vite qu'eux. Vos petits-enfants semblent connaître et faire plus de choses que vous à leur âge, mais vous n'êtes pas encore fichus. Leur monde est différent de celui dans lequel vous avez grandi. Autant leurs vidéos de rock-and-roll et leur jeux de Nintendo peuvent vous sembler du chinois, autant les aptitudes que vous avez développées durant votre enfance leur sont étrangères.

Vous maîtrisez beaucoup d'habiletés pratiques dont vos petits-enfants ont besoin. Vos petits-enfants savent-ils comment planter des bulbes, nettoyer des poissons, faire des colliers de marguerites ou cueillir des légumes? Savent-ils que la compote de pomme et la sauce à bifteck ne sortent pas forcément des conserves? Ma fille, Amanda, par exemple, a été étonnée d'apprendre que sa grand-maman pouvait enlever les taches sur son chandail préféré et faire les bords de jupe avec des points invisibles. Amanda est très heureuse quand grand-maman vient passer quelque temps avec nous, parce qu'elle apprend des trucs pratiques que je n'ai jamais maîtrisés. Et en plus de partager ses aptitudes, grand-maman voit toujours à ce qu'il y ait de la salade de fruits frais dans le réfrigérateur, un luxe dont Amanda rêve longtemps après son départ.

Assez étrangement, les grands-parents, contrairement aux parents, n'ont pas à faire des sermons ou à pontifier pour transmettre leur savoir. Pendant que vous montrez à vos petits-enfants à coudre des rideaux, à faire une tarte, à changer un pneu, à apprêter les restes, vous pouvez leur communiquer votre philosophie. Vous pouvez leur donner des leçons sur la vie, et ils ne s'y opposeront pas. Ils aiment que vous leur parliez.

Le jour où Linda a entendu son petit-fils de trois ans jurer, elle lui a dit: "Ce n'est que quand on prie qu'on prononce le nom de Dieu". Celui-ci a dû considérer que c'était une bonne règle à suivre, parce que Linda l'a entendu la répéter à son père et à ses copains. Si vous établissez vos règlements d'un ton amical et enjoué, ils les accepteront: "Chez grand-maman, on met la vaisselle dans le lavabo, et ensuite on va regarder des vidéos."

"Mon grand-père sait faire des choses que mon père ne fait pas". Ce sont les premiers mots d'une composition rédigée par Nicholas, âgé de douze ans. "Il m'a montré la différence entre la truite grise et la truite arc-en-ciel. Il me permet d'utiliser son aiguisoir à hameçons. Il dit que pour être un bon pêcheur le secret c'est de vérifier sa ligne et d'être patient. Il ne faut pas sortir la tête du poisson de l'eau, sinon il va cracher l'hameçon. Il ne faut pas tirer trop fort. Mon grand-père m'a appris à voir les indices sur l'eau et à envoyer mon hameçon au fond. Quand on va à la pêche, il faut s'habiller comme il faut. Je mets des caleçons longs, des cuissardes et un gilet de sauvetage. Il a gagné plein de trophées, mais il dit que le plus important c'est d'obéir aux règles de la nature. Ne jamais tricher. Ce n'est pas la taille du poisson qui compte, c'est le plein-air. C'est ça les règlements de pêche de mon grand-papa. Mon grand-papa est mon professeur, et je suis content quand nous allons à la pêche."

Vous êtes un professeur, un guide, un conseiller, un modèle. Vos petits-enfants ne font peut-être pas exactement ce que vous dites, mais ils vous écoutent, ils imitent ce que vous faites et ce que vous dites. Ils vous observent, même à distance. Que voulez-vous qu'ils sachent?

Saisissez le moment

*P*asser du temps avec ses petits-enfants – quoique cela puisse parfois être fatigant – est une des plus extraordinaires expériences de la vie. Les parents sont tellement absorbés par les corvées et les responsabilités de la vie quotidienne qu'ils ont tout juste le temps de lire des histoires aux enfants avant qu'ils s'endorment. Inutile d'ajouter qu'ils n'ont surtout pas le temps de jouer aux dames, de faire des bulles, de faire des dessins, de cueillir des pissenlits et d'attraper des insectes. Vous, par contre, pouvez prendre le temps de vous offrir, à vous et à vos petits-enfants, les plaisirs les plus simples et pourtant les plus gratifiants. Au stade où vous en êtes dans votre vie, il n'est pas sage de laisser passer une autre année parce que vous êtes "trop occupés". Quand vous remettez à plus tard en disant: "une autre fois peut-être", vous vous empêchez de vivre.

Marie et Laurent, son petit-fils de deux ans, ont passé toute une matinée à chercher une pierre parfaite; cette pierre devait être le premier cadeau de Noël qu'il offrait à sa maman. Laurent marchait dans le jardin, ramassait des pierres et discutait des qualités de chacune. Celle-ci était trop rugueuse, celle-là trop petite, et telle autre n'était pas de la bonne couleur.

Il en a rejeté des douzaines, et finalement il en a choisi une très grosse, une pierre plate de rivière. Il a tenté de la soulever, insistant qu'il était capable de le faire, mais elle était trop lourde.

"Viens, on va la soulever ensemble", dit sa grand-mère. Marie prit son côté, Laurent l'autre, et ensemble ils ont placé la pierre dans la brouette rouge. Puis, tout doucement, pas à pas, en se reposant de temps en temps, ils ont tiré la pierre dans la maison pour l'emballer. Laurent a d'abord choisi le papier de soie orange, et il a utilisé la moitié du rouleau de ruban gommé pour le faire tenir. Il a ensuite ajouté une couche de papier de soie rose et y a collé vingt autres morceaux de ruban gommé. Il aimait beaucoup ce ruban gommé. Ils ont placé la pierre dans une boîte, et Marie l'a attachée avec un ruban vert. Laurent a mis encore du ruban gommé pour faire tenir la boucle rouge et huit étiquettes arborant le nom de sa maman. Le cadeau était enfin prêt à être placé sous l'arbre.

"Je suis capable de le faire", dit Laurent. Alors grand-maman s'est penchée, a pris son côté, Laurent a pris l'autre, et ensemble ils ont transporté le cadeau une fois encore. Laurent choisit l'endroit parfait sous l'arbre.

Le matin de Noël, le cadeau de Laurent à sa mère fut le premier ouvert. On entendit des oh et des ah, et maman fut très heureuse d'ouvrir le premier cadeau de Noël de son fils. Le cadeau avait été choisi, emballé, collé et offert grâce à la patience de grand-maman.

Saisir le moment, c'est le cadeau que vous offrez à vous deux. Ce que vous faites importe peu, pourvu que vous soyez ensemble tranquillement à vous extasier devant des pierres, à sentir la douceur de la brise, à manger de la crème glacée, ou à lire un conte de fées. C'est un cadeau qui touche vos deux âmes.

Souvenez-vous que vous n'êtes pas seuls

Grand-papa Charles aime les puzzles et les aubaines, et il est toujours en quête des uns et des autres. Il achète des puzzles pour moins d'un dollar dans des boutiques d'échange et des ventes de garage. Sa femme, grand-maman Marie, et leurs deux petites-filles, le taquinent, parce que les trois quarts du temps il manque des morceaux à ses puzzles. Mais cela ne le dérange pas; il aime son passe-temps et il aime prendre des risques.

Chaque membre de notre famille est comme un morceau de puzzle, une partie d'un tout. Si un morceau manque, l'image est incomplète. Aucun morceau n'est plus important qu'un autre. Tout comme les morceaux d'un puzzle, vous avez un rôle à jouer, vous faites partie de l'ensemble; et avec les autres, vous constituez un tout.

Vous êtes importants pour votre famille, même si à certains moments vous vous sentez négligés et seuls. Ils ne peuvent pas vous oublier, pas plus que vous ne pouvez les oublier. Du moment que vous avez aimé une personne – votre mère, votre père, votre mari, votre femme, votre fils, votre fille, votre petit-fils ou votre petite-fille – cette personne aura toujours une place dans votre coeur. Même si certains vous ont déçus ou maltraités, vous ne pouvez vous débarrasser d'eux en souhaitant qu'ils s'en aillent. Vous ne pouvez pas les chasser de votre coeur, même s'il peut vous arriver d'essayer. Vous faites partie de votre famille, et votre famille fait partie de vous.

152

Soyez reconnaissants aux membres de votre famille pour tout ce qu'ils vous ont appris. Ils furent vos professeurs. Sans eux, vous ne sauriez pas ce que vous savez. Vous avez partagé de bons moments et des moments difficiles. N'êtes-vous pas devenus plus sages, plus humains et plus tolérants, grâce aux personnes qui ont touché votre vie? N'avez-vous pas appris à mieux vous connaître? Ne vous êtes-vous pas enrichis sur le plan spirituel?

Remerciez Dieu pour les liens qui vous unissent. Soyez reconnaissants à vos enfants, à vos petits-enfants et à toutes les personnes qui ont touché votre vie. Ne prenez rien, ni personne pour acquis. Efforcez-vous d'exprimer votre gratitude, de reconnaître le bonheur que vous procure chaque membre de votre famille. C'est par la gratitude que l'on prend conscience de la présence de Dieu. Dieu travaille dans votre vie. Vous n'êtes pas seuls. L'univers entier travaille de concert. Nous vivons sur la Terre; nous respirons le même air. Soyez reconnaissants et vous vous sentirez en communion.

Quand vous êtes reconnaissants, vous parvenez à vous aimer vous-mêmes. Quand vous êtes reconnaissants de ce que vous avez été et de ce que vous avez fait, vous vous sentez en paix avec vous-mêmes et avec votre famille. Et cela, mes amis, est le plus beau cadeau que vous puissiez laisser à la génération future.

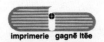

imprimerie gagné ltée